Günter Skwara

TAO

Ebenen der Geister

Der Körper kann ohne den Geist nicht bestehen, aber der Geist bedarf nicht des Körpers.

Erasmus von Rotterdam

Das Leben ist unendlich viel seltsamer als irgend etwas, das der menschliche Geist erfinden könnte.
Wir würden nicht wagen, die Dinge auszudenken, die in Wirklichkeit bloße Selbstverständlichkeiten unseres Lebens sind.

Sir Arthur Conan Doyle

Günter Skwara

Ganzheitlicher Seelsorger, Spiritueller Rückführer

Gunar
Druidorix der Druiden des TAO

TAO

Ebenen der Geister

Bibliografische Information der Deutschen Nationalbibliothek:
Die Deutsche Nationalbibliothek verzeichnet diese Publikation in der Deutschen Nationalbibliografie; detaillierte bibliografische Daten sind im Internet über http://dnb.dnb.de abrufbar.

© 2016   Günter Skwara

rueckfuehrer@googlemail.com
www.rueckfuehrer.de / www.studio-chi.de

Titelbild:
   Thomas Rossberger, gvr.pictrs@gmail.com

Herstellung und Verlag:
   BoD – Books on Demand, Norderstedt

ISBN: **978-3-7412-9767-0**

INHALT

Einführung

07 bis 08

Mir wurde bewusst, dass es Wesen geben könnte, die interessiert daran sind, zu erfahren, wie wir Druiden des TAO das Göttliche, unsere Welt, den Kosmos, das Universum, sowie das Leben sehen.

Wissenswert könnte auch sein, welcher religiösen Anschauung auch die im Spielgeschehen vorübergehend untergegangenen Atalanter ihre harmonische Lebensweise verdanken.

Acht Ebenen

1) **Die Ebene des Ego**
2) **Die Ebene der Familien**
3) **Die Ebene von Gruppen**
4) **Die Ebene der Menschheit**

Hinauf zu höherer Spielfreude

5) **Ebene von Lebewesen**
6) **Die Ebene des physikalischen Universum**
7) **Die Ebene von Geistigen Wesen**
8) **Die Ebene des Göttlichen TAO**

09 bis 132

Vom Ursprung zum Neustart

133 bis 194

NEUSTARTER für TAO

195 bis 204

TAO, die Weltanschauung

205 bis 207

TAO über TAO

208 bis 264

Keine Chance den Drogen

265 bis 274

Last not least:

Schlussbemerkung

275 bis 282

Einführung

Gunar, Druidorix der Druiden des TAO, ist eine Wesenheit aus „grauer Vorzeit".

Doch nicht aus der Vergangenheit der Erde, der Zuflucht der Atalanter, sondern aus Zeiten, als es noch ein Planetensystem gab, das den Namen Atalant trug.

Dies war ein Doppelstern-System innerhalb dieser Galaxis, der Milchstraße.

Als der wiedergeborene Gunar schreibe ich hier auf, was jene Druiden des TAO in Erfahrung bringen konnten.

Die TAO-Druiden sind nicht unbedingt zu vergleichen mit den Druiden wie sie in unseren Tagen den Planeten Erde bevölkern.

Das Volk der Atalanter umfasste natürlich nicht nur Druiden. Im weitesten Sinne schwangen jedoch alle Bewohner im System eines ähnlich gearteten, morphischen Feldes. Dadurch erlangten wir ein wunderschön harmonisches Zusammenleben.

Unsere Art bestand selbstverständlich, über dieses System hinaus, noch sehr viel weiter zurück.

Unsere Lebensweise, andere würden „Religion" dazu sagen, war und ist TAO.

TAO steht dabei sowohl für das Göttliche Sein, den Göttlich zu nennenden Ursprung, als auch für unser Selbst, als Inbegriff des Göttlichen.

Wir fühlten uns, per Körper, der Rasse menschlicher Wesen zugehörig. Damit entsprachen wir der dafür erdachten, ehedem geistigen Matrix. Darüber hinaus standen und stehen zumindest die Druiden im engen Kontakt mit anderen Geistigen Wesenheiten.

Diese vermittelten die Beherrschung der Spirituellen Rückführung. Es ist eine als religiös zu bezeichnende Maßnahme zur Befreiung des Geistigen aus so manchen Problemstellungen des Lebens. Geistige, körperliche und soziale Herausforderungen lassen sich damit energetisch entladen.

Die daraus resultierende Sichtweise vom „Großen Spiel" sowie dem „Spiel des Lebens" lässt uns ein etwas freieres Denken einnehmen als es bei anderen Bewohnern der Galaxis üblich ist, den im Körperlichen gefangenen Mitwesen.

Allein schon zu wissen, dass das Leben einfach ein Spiel, im gigantischen Rund des Spielfeldes Universum, bedeutet, hebt uns aus dem mittlerweile absichtlich erzeugten Dasein von abhängigen Sklaven heraus.

Acht Ebenen
Generell ist zu sagen:

Wir haben alle diese Ebenen, bewusst oder nicht bewusst, im Laufe von Äonen konstruiert.

Allerdings, die Betrachtung des Ebenenprinzips als Spielebenen im „Großen Spiel" des Lebens und darüber hinaus, so wie ich sie hier darstelle, ist neuzeitlich.

Alle, wohl gemerkt alle, diese Ebenen haben nur Bestand, wenn wir fortwährend an ihnen arbeiten. Wir müssen sie, in gemeinsamer Übereinstimmung, von Augenblick zu Augenblick neu erschaffen, immer wieder kreieren.

Stellt jemand den andauernden Vorgang des Erschaffens ein oder kreiert sogar ein Gegen-Erschaffen, bis zur Form des Zerstörens, so bricht, zumindest für diese eine Person, die eine oder andere Ebene in sich zusammen. Sie stürzt über sie herein.

Deren Weltsicht erscheint dann für sie selbst schwammig und verschwommen. Für andere ist dann seine Sichtweise unwirklich, geradezu schizophren.

Dies kann sich, nach meinen Erfahrungen aus mehreren Spirituellen Rückführungen, tatsächlich auf verschiedene Art und Weise auf das körperliche sowie das geistige Befinden von Menschen auswirken.

Unter anderem können die Sinne, wie zum Beispiel der Gleichgewichtssinn oder das Sehvermögen beeinträchtigt werden.

Wir sind immer die Schöpfer unserer eigenen Wirklichkeit!

Nur solange wir die Realität jeder einzelnen der uns zugehörigen Ebenen wahrnehmen und anerkennen, uns in Affinität und Liebe dazu befinden sowie die Kommunikation zu den jeweiligen Ebenen und ihren Inhalten aufrecht erhalten, erhöhen wir auch unser Verstehen dazu.

Wir aktivieren dadurch unglaubliche, ethisch hochwertige Kräfte zur Schaffung von Harmonie, Friedfertigkeit, Wohlbefinden und Wohlstand sowie zur Aufrechterhaltung und der Verbesserung jeglicher Zustände.

Dies bezieht sich sowohl auf das eigene geistige Universum als auch auf die Universen der Wesenheiten in unserer Umgebung.

„Zu viele Leute beschweren sich, dass das Leben keinen Sinn habe, statt zu helfen, dass es einen Sinn erhält."

Anton Neuhäusler

„In dem Augenblick, in dem ein Mensch den Sinn und den Wert des Lebens bezweifelt, ist er krank."

Sigmund Freud

Auf die, an das Göttliche gerichtete, Frage nach dem Sinn des Lebens, habe ich als Antwort eine brauchbare Gegenfrage erhalten:

Welchen hochwertigen Sinn gibst <u>Du selbst</u> diesem, Deinem Leben?

Noch ein Wort zu TAO:

Mit den hier dargestellten Ebenen der Geister sind selbstverständlich alle Ebenen von TAO, dem Göttlichen Ursprung, sowie von uns selbst als dem Geistig zugehörigen TAO gemeint.

Wir nehmen diese Ebenen ein und wir sind die Ebenen oder, wer will, kann auch sagen: Die Ebenen bestimmen unser Sein.

Erst, wenn wir allen Ebenen gerecht werden können, sind wir in unserem Sein vollständig.

Die Einnahme der Ebenen zeigt auch den Weg auf, von der Heilung bis zur Heiligung.

Mögen wir TAO als Göttlichen Funken oder als das „Ich bin" bezeichnen, so liegen wir richtig und falsch zugleich.

Wenn ich von den Geistigen Wesen schreibe, so meine ich in jedem Fall TAO, die Seele, die Person die wir Selbst sind.

Ebene 1

Die Ebene des Ego

Mit dem Ego ist hier das Dasein als TAO, dem Geistigen Wesen, besonders in materiellen Körpern gemeint.

Gesteuert wird diese Körpereinheit von einem Intellekt, einem Verstand, der von sich selbst behauptet für das bewusste Dasein hauptsächlich notwendig und dafür verantwortlich zu sein.

Selbst jene die auf dieser Ebene als „körperlose" Geister oder in Tieren, Pflanzen oder Mineralien unterwegs sind, werden von dem energetischen Konstrukt, so genannt Verstand, dominiert.

Auf eben dieser Ebene sind wir, so gut wie alle Wesenheiten, gegenwärtig irgendwie angelangt.

Insbesondere durch die Reduzierung von Wesen, auf den Zustand ein individualisierter Egomensch zu sein, und durch die gezielte Zerstückelung von Familienverbänden, werden Leute zunehmend vereinzelt, zu Singles gemacht.
Dieses „Kleinmachen" ist von destruktiven Mächten beabsichtigt.
Einzeln sind wir einfach leichter zu führen und zu beeinflussen. Die Machthaber können uns in Krankheiten hinein manövrieren und in einem latenten Zustand von Krankheit halten.

Trotz all dem gehen die meisten von uns immer noch davon aus, ganz persönlich eigenständige, starke Individuen zu sein. Diese Vorstellung ist leider nur bedingt wahr: einfach weil wir unsere ursprüngliche Größe nicht mehr kennen.

Der „Gefängnisplanet Erde", mit all seinen unterschwellig wirkenden Mechanismen, eignet sich hervorragend dazu, den hier gestrandeten Wesenheiten ihre ursprüngliche Größe zu rauben.

Die Geistwesen, die sich hier befinden, sind eine Art Eremiten. Sie sind als Einsiedler jeder für sich in einem Körper gefangen, sind gezwungen um ihr tägliches Überleben zu kämpfen.

Im Alltag erleben hauptsächlich die körperlich in Erscheinung tretenden Emotionen, aufsteigend von Apathie über Trauer und Schmerz bis, per Körper, maximal hinauf zur Wut.

Wir dürfen dabei nie vergessen: Unsere Körper sind „nur" biochemisch konstruierte Kohlenstoff-Maschinen.
Die meisten von uns haben sich allerdings, zumindest in dem jetzigen Zustand, diesen Aspekten von belebter Materie verschrieben.

Auch nach dem Verlassen der Körpereinheiten, also nach dem Tode (beziehungsweise manchmal noch während des Sterbens) und bei einer Wiedergeburt, streben wir wieder einen Neustart an, in solch hilfreichen Apparaturen, für den Umgang mit dem Universum.

Das was wir hierbei als feste Materie ansehen, ist lediglich eine von verschiedenen Arten an Energie, die wir genutzt haben, um brauchbare Körper zu kreieren.

Jegliche Form von Materie ist schließlich per Definition nichts anderes als: Eine Gruppe von Energiepartikeln, die in relativ stabilem Verhältnis zueinander in Position sind.

Die Bindekräfte zwischen den Atomen und Molekülen sind elektromagnetischer Natur.

Diejenigen Geistigen Wesen, die sich vorübergehend ohne menschliche Fleischkörper unter uns befinden, siedeln sich entweder in Pflanzen oder Tieren an, seltener in Mineralien.
Selbst „körperlose" Geister, gemeinhin als Gespenster bezeichnet, halten sich noch immer in energetisch feststellbaren Hüllen auf.

Auch Kobolde, Trolle, Zwerge, Elfen, Dämonen, Engel, Teufel, selbst Einhörner und Drachen oder ähnliches, sind real oder realisierbar in unser aller Umgebung, wenn wir uns auf sie einlassen.

Wir können diese beseelten Aspekte selbst wahrnehmen und für andere Leute wahrnehmbar machen.
Ihrem Fortbestehen müssen wir nur intensiv beständige Aufmerksamkeit, das heißt Energie, schenken.

Entziehen wir den Lebenseinheiten diese Energien, bestehen sie zwar auch weiterhin (notfalls im eigenen geistigen Universum), jedoch unsere Fähigkeit zur Wahrnehmung verliert sich.

So beheimatet die Ego-Ebene vielerlei Geistgestalten (hier haben wir es allerdings mit Erscheinungsformen der Ebene 1, nicht mit solchen der Ebene 7 zu tun).

Als Gespenster bezeichnete Geisterwesen, machen sich als Spuk in ihrer Umgebung bemerkbar.

Diese Geister bedienen sich „feinstofflicher" Körper, die wir Menschen mit unseren einfachen Sinnesorganen normalerweise gar nicht oder nur schemenhaft wahrnehmen können.

Die Tiere, wie Hunde, Katzen oder Vögel, sind da schon eher sensibel dafür.

Der Energiekörper von solchen „Gespenstern" erscheint, frei schwebend vom Fleischkörper gelöst, zumeist in tropfenförmigen Schwaden.

Entsprechende Figuren in Comics oder Filmen, sehen nicht von ungefähr so ähnlich aus.

Allerdings können die Geister auch ganz „normal" aussehende, lediglich energetisch weniger kompakt kreierte Gestalten annehmen.

Derartige Körper sind dann fast so stabil wie alle anderen auch. Mit ihnen können die Geister etwas tun, sie können manchmal auch sprechen oder sich anderweitig bemerkbar machen.

In der Parapsychologie spricht man davon, dass sie aus „Ektoplasma" bestehen sollen. Biologisch betrachtet ist es die Außenhaut von Zellen.

Einmal finden sich die Geistwesen, die ganz normale Seelen sind, in den Körpern von Menschen; ein andermal lösen sie sich eine Zeit lang aus dem Verbund der irdisch menschlichen Gemeinschaft.
Sie betätigen sich statt dessen als Quell-, Wald-, Feld- oder anderen Naturgeistern. Oder aber, sie übernehmen tierische oder pflanzliche Lebensformen.
Dabei müssen sie nicht zwangsläufig der Matrix religiös vorgegebener Reinkarnationen folgen.
Die Glaubensstrukturen des Hinduismus sind insofern nicht wahr, real nicht nachvollziehbar. Eine Wiedergeburt in Tierkörpern entspricht einfach nicht unserer Art.

TAO-Seelen bevorzugen überwiegend die menschlichen Körperformen mit ihren Wahrnehmungen über die fünf Sinne und der ausgezeichneten Funktionsfähigkeit zur Handhabung der Umwelt.

Es gibt wahrhaftig auf unserem Planeten eine Vielzahl von Geistern oder Seelen die sich nicht (oder noch nicht wieder) in menschlichen Körpern befinden.

Dabei sind diese, nicht wirklich „freien", unsteten Geistwesen zumeist nur in Lauerstellung, bis eine schwangere Frau in ihre Nähe kommt, bei der sie sich dann einnisten können.

Nicht selten streiten sich solcherart geistige Egomanen um ein neues Menschenleben.
Es kommt leider auch vor, dass Wesen mit anderen gemeinsam einen Babykörper besetzen. Bei diesem werdenden Menschen sind geistige Konflikte vorprogrammiert.

Eines ist dennoch ganz sicher: Egal in welchen körperlichen oder aber weniger körperorientierten Konstellationen sich die Geister auf unserem Planeten befinden, sie sind alle noch immer hier, einfach auf dieser Welt gefangen.
Sobald nämlich die, vorgeblich „frei" gewordenen, Geister dieser Welt in das weit verzweigte Fallensystem des Gefängnisplaneten geraten oder gar versuchen den Planeten zu verlassen, werden sie eingefangen.
Sie werden mit vorgegaukelten „Realitäten" über eine Zentralstation geschleust, mit einer Vielzahl eigener und fremder Bilder bombardiert, in einen total verwirrten Zustand versetzt, intensiv mit Vergessen geschlagen.

Mit geistigen Einpflanzungen geimpft (oder diese werden einfach wieder einmal aufgefrischt) werden sie nach dem Ende der Prozedur zurück zur Erde geschleudert.

Diesen systematischen Ablauf habe ich immer und immer wieder, durch vielerlei Spirituelle Rückführungen, bestätigt bekommen.

Doch hier noch eine gute Nachricht:

Aus der Ebene 1 heraus, dem Zustand eines starken Ego, sind wir doch tatsächlich fähig, durch bewusste Selbsterkenntnis, dem bewusst gemachten Erkennen von uns Selbst als Geistigem Wesen, und Selbstbewusstsein, den Bogen hinauf zur Ebene der Geistigen Wesen zu spannen.
Über den stabilen Kontakt zur Ebene 7, zu uns Selbst, TAO, sind wir wahrhaft frei. Das Gefängnis kann uns so nichts mehr anhaben.
Dies erreichen wir nur als gestärkte Wesen (wie eben über Spirituelle Rückführung oder dergleichen), die ihr Erleben selbst in die Hand nehmen können.
Solche Wesenheiten sind sich ständig selbst bewusst, begegnen ihren Mitmenschen respektvoll, gewähren ihnen die gleiche Eigenständigkeit, die sie sich selbst auch schon erarbeitet haben.

Es entspricht TAO, der Seele die wir sind, dem Geistigen Wesen, absolut nicht, andere Menschwesen in die Tiefe zu ziehen.

Nur Kleingeistige, mit einem über die Zeit schwächlich gemachten und gewordenen Ego, unterdrücken andere.

Deutlich wird dies bei Egoismus bis Egozentrik, bei Leuten die kein ausgeprägtes, bewusstes Selbst, kein Selbstbewusstsein mehr haben.

Diese wenden, um im kommunikativen Geschehen Beachtung zu erlangen, sowohl geistig als auch verbal und schließlich sogar körperlich Gewalt an.

Egomanie, die geradezu krankhaft zu nennende Selbstbezogenheit oder Selbstzentriertheit, ist besonders in den westlichen Zivilisationen weit verbreitet.

Sie wird hier nicht nur durch die Schulsysteme gefördert, sondern auch im Arbeitsleben gefordert.

Speziell, wenn es darum geht, in höhere Führungspositionen aufzusteigen.

Auf unteren Leitungsebenen, bis hinab zu den „einfachen" Arbeitern und Angestellten, wünscht sich das System eher etwas, das als „Teamfähigkeit" bezeichnet wird.

In Wahrheit ist damit gemeint, dass die Leute sich ein- und hierarchisch unterordnen können sollen.

Die von Ich-Sucht betroffene Person wird als Egoist, Egozentriker oder Egomane bezeichnet.
Sie hat das starke Bedürfnis, stets im Mittelpunkt jeglichen Handelns und Geschehens zu stehen.
Dieser auf sich selbst zentrierte Ich-Mensch interpretiert Abläufe ausschließlich ichbezogen.

Egomanie tritt als eines von mehreren Symptomen einer Manie (von alt-griechisch maní: Raserei oder Wahnsinn) im Rahmen einer bipolaren Störung (manisch-depressive Krankheit) in Erscheinung und wird dabei auch von Megalomanie (Größenwahn) begleitet.

Der Begriff „Egomanie" wird aber oftmals auch rein umgangs- oder alltagssprachlich verwendet, ohne Anspruch einer ärztlichen Diagnose.

Diese besonders tief in Ebene 1 verfangenen, schwachen Egomanen-Wesen treiben ihr Unwesen, indem sie gewalttätig die Lebens- sowie Erlebensräume ihrer Mitmenschen beschneiden.

Egomanen engen diese ein und versuchen sie in ihre eigene, von Zwietracht, Missgunst, Neid, Gier und Eifersucht geprägte Denksphäre zu ziehen.

Die egoistischen bis egozentrischen Leutchen treiben ihr Spiel mit der unterschwelligen oder offensichtlichen Absicht, die, der Hölle ähnlichen, Verhältnisse für sich zu nutzen, auf unserem irdischen Planetengefängnis.

Das Gefängnis lässt sich mit den unterdrückerischen Maßnahmen auch wunderbar erhalten.

Menschen die der Unterdrückung dienen, die sowohl das Chaos als auch die Zerstörung von Werten fördern, werden von einigen meiner Freunde wie folgt beschrieben:

> Es sind jene, die es gezielt vermeiden, ihren Lebensunterhalt mit ehrlicher Arbeitskraft zu verdienen.

> Es sind auch jene, die zudem ihre Mitmenschen daran hindern hochwertige Produkte hervorzubringen. Die Mitmenschen würden sonst kontinuierlich ihren Lebensunterhalt mit ehrlicher, wettbewerbsfähiger Arbeit erwirtschaften.

Es sind jene, die mystifizierte, bedrohliche Vorstellungsweisen und vorgebliche Geheimnisse über Gott, den Teufel, seine Dämonen und die Welt sowie über ihre Mitmenschen verbreiten.

Es sind jene, die allzu altruistische (verlogene, weil eigentlich nur egoistische), sozial überdrehte, Mitleid erzeugende sowie Mitleid heischende Rhetorik anwenden.

Es sind demzufolge auch jene, die Mitleidstouren auch in ihrer Umgebung fördern, um damit Aufmerksamkeit zu erregen und schließlich dafür Respekt einzufordern.

Damit stützen diese unteren Chargen die ihnen übergeordneten, im Verborgenen tätigen, unterdrückerischen Mächte.

Sie saugen, entweder auf deren Geheiß oder zumindest in deren Fahrwasser, fortwährend Wohlstand und Wohlbefinden aus den, um ihr Überleben bemühten, Werteproduzenten heraus.

Die Handlanger, der sich im Hintergrund befindlichen, eigentlichen Unterdrücker, verbreiten als Chaoshändler Angst und Schrecken unter den Menschen.

Diese erzeugen und fördern ein völlig überzogenes Sicherheitsbedürfnis das von Verlustängsten genährt wird.

Daraus machen sie letztlich sogar ein für sie selbst und für die „Mächtigen" lukratives Geschäft.

Die Freiheit im Denken, beim Kommunizieren und im Handeln wird auf diese Art und Weise immer mehr beschnitten und eingeschränkt.

Der Freiheitswille soll schließlich gebrochen werden.

Zufriedenheit, Freude und Glück, wahre Glückszustände, können solche Menschen, die in Unterdrückung leben, nur noch schwer erfahren.

Zufriedenheit, Freude und Glück wird von ihnen fern gehalten; es wird verwoben in geheimnisvollen Mystizismus sowie in die Vorspiegelung falscher Tatsachen. Daraus entsteht dann ein fadenscheiniger Erfolg der in Wahrheit keiner ist.

Dieser vorgetäuschte Erfolg ist nur getarntes Versagen.

Getarntes Versagen, die Epidemie seit Jahrhunderten, hat mittlerweile gewaltige Ausmaße angenommen. Versagen zerstört Karrieren, Liebe, Leben. Das getarnte Versagen lässt Millionen Menschen langsam vor sich hin faulen.

Der Vorgang spielt sich ab, auf von ausserhalb geführten Leitern des Erfolges.

Das getarnte Versagen derer, die Unterdrückung mit aufrecht erhalten und sogar fördern, wird von oben nach unten weitergereicht; es hat somit System.

Das Leben Vieler endet dadurch in traurigen, einsamen Tagen. Alkohol und andere Drogen werden benutzt, um der wahrhaftigen Erkenntnis zum getarnten Versagen zu entgehen.

Macht, Geld, Vermögen, Jobs, Beziehungen und Familien, viele Menschen werden dadurch fortwährend ausgelöscht.

Fremdgesteuerter Erfolg in diesem glücklosen System macht sich an der Stagnation im Leben bemerkbar: Es tut sich nichts, es verändert sich nichts, es geht nichts voran.

Wenden wir uns nun, nach dieser Exkursion in einen entscheidenden Teil der auf uns einwirkenden, systematisierten Zusammenhänge des Spiels, im einengenden Gefüge des Gefängnisplaneten, zurück zu unserem Ego.

Wir müssen uns in erster Linie, immer wieder, einfach nur klar werden: „Wir sind nicht unsere Körper!", weder ein wenig noch ganz und gar.

Unsere Körper sind in Wirklichkeit eigenständige, voll funktionsfähige Gerätschaften mit ebenso eigenem Überlebenswillen und eigener Überlebensfähigkeit.

Deutlich wird dies, wenn wir es zulassen können, dass Körpereinheiten ihre Selbstheilungskräfte einsetzen, womit sie sogar schwerste Krankheiten überleben.

Wir, TAO, wollen die Körper lediglich zeitweilig nutzen, um an deren Spielverhalten beim Sex, bei Essen und Trinken, bei gesellschaftlichen Aktivitäten, im Kampf ums Überleben und ähnlichen Spielmöglichkeiten teilzuhaben.

Selbstverständlich sollten wir mit unserem Dazutun, aus ethischem Empfinden eines Geistigen Wesens heraus, auch eine gewisse Verantwortung für unsere Körper, deren Umfeld sowie für den Verlauf des Spieles in diesem Leben übernehmen.

Doch zuviel Ernsthaftigkeit wird sowohl unsere Körper als auch den Spielgeist, den wir, TAO, beitragen können, ohne Zweifel eher töten, als dass sie unser gemeinsames Überleben fördert.

Die „Vergeistigung" des Daseins beschränkt sich bestenfalls auf das vielfältige Informations- und Bildmaterial.

Sie beschränkt sich auf das Emotionspotenzial, das im Energiefeld sowie in materiellen Bestandteilen jeder Zelle und im genetischen Code enthalten ist, im Rahmen aller Datenspeicher des Körper.

Dieses Datenmaterial ist sowohl das Gefühls- als auch das Gedankengut welches dem Verstand unvoreingenommen zuarbeiten sollte, ähnlich gespeicherter Daten auf Disketten, die bei Bedarf in den Computer eingelesen werden können.

Dass es manchmal beim „sollte" bleibt, liegt an einem altertümlichen Reiz-Reflex-Reaktions-Mechanismus, der sich zum bewussten Denken dazuschaltet.

Die Denkfähigkeit wird sogar völlig abschalten, wenn irgendein Einfluss eine Restimulation aufruft und mit Energie versorgt, diese damit verstärkt.

Der Reiz-Reflex-Reaktions-Mechanismus schaltet sich immer dann ein, wenn das Überleben des Körpers durch eine äußere Gefahr als bedroht erscheint.

Da in solchen Fällen schnelles Handeln das Leben retten kann, darf nicht erst lange analytisch nachgedacht werden.

Deshalb schaltet dieser Mechanismus den Verstand einfach aus und setzt blitzschnell einen Reflex in Gang.

Dies ist in Ordnung, solange tatsächlich eine gefährliche Situationen bereinigt werden soll.

Allerdings denkt der Automatismus nicht! Der Reflex und die Reaktion folgen unmittelbar auf den Reiz.

Verrückt wird die Situation, wenn sich der Reiz aus der Vergangenheit meldet und mit den realen Gegebenheiten überhaupt nichts mehr zu tun hat.
Man spricht dann von der Restimulation eines alten, möglicherweise uralten Geschehnisses.

Beispielsweise ist der korrekte Reflex mit der Reaktion auf einen heißen Ofen, das schnelle Zurückziehen der Hand.
Wird nun der Reflex aktiviert, obwohl der Ofen keine Hitze mehr abstrahlt, vielleicht einfach nur angenehm warm ist, erscheint die Reaktion deplatziert, geradezu verrückt.

Analytisch könnten wir mit unserem Verstand erkennen, was hier falsch läuft. Doch der Reiz-Reflex-Reaktions-Mechanismus ist oftmals stärker.
Er wird einfach überraschend aktiv und lässt dem Verstand keine Zeit überlegen zu überlegen.

So manche „Verrücktheit" ist darauf zurückzuführen, dass der Verstand dem Reiz-Reflex-Reaktions-Mechanismus unterliegt.

Auf diese Art und Weise konkurriert das, durch uns, TAO, erschaffene Körpersystem mit dem gleichfalls von uns geschaffenen Verstand.

Der Verstand sollte uns von Anbeginn entlasten, wenn es darum ging, dem Universum analytisch zu begegnen.

Analytisches Denken entspricht nicht uns. Geistige Wesen entscheiden intuitiv und spontan.

Unsere ureigene, geistige Sichtweise hat eine Größe, bei der langwierige, zeitaufwendige Analysemethoden nicht mithalten können.

Dennoch brauchen und gebrauchen wir das energetische Konstrukt des Verstandes, um dem physikalischen Umfeld gegenüber eine gemeinsame Basis zu geben.

Die Konstante:

Das verstandesmäßige Denken, bringt Kontinuität in den Aufbau der universellen Gesetzmäßigkeiten, ins morphische Feld.

Mit der Konstruktion des Verstandes haben wir es geschafft, über lange Zeitabläufe hinweg den Kosmos zu stabilisieren.

Wir, die geistigen TAO-Wesen, hätten vermutlich längst wieder unsere Kreativität spielen lassen und die Dinge eben spielerisch durcheinander gebracht.

So korrespondieren die Verstandeseinheiten untereinander und stehen in ständiger Verbindung zu dem universellen, allumfassenden Verstand, einem Weltengedächtnis das wir auch als Akascha-Chronik kennen.

Wir selbst sind und bleiben TAO, die Seele des Ganzen, weitgehend freie Geistige Wesen, die nicht notwendigerweise körperlich sein müssten.

Jegliche Idee oder Vorstellung einer anderen Art und Weise wurde uns entweder geistig, das heißt in den Verstand, eingepflanzt.
Wir haben einfach aus „Bequemlichkeit" oder weil es uns irgendwie plausibel erschien, mit anderen Betrachtungsweisen übereingestimmt.

Am Ursprung, im zeitlosen Beginn des Ablaufs beim Spielaufbau, waren wir sogar selbst die Verursacher.
Wir haben entweder diese abwertenden Manipulationen vorgenommen oder sie zumindest zugelassen.

Wir wollten die von uns kreierten, in das Spielgeschehen gesetzten, materialisierten Aspekte in das Spielfeld dieses Universum einbringen.

Die „Ableger" von uns selbst wurden von uns geschaffen, um als eigenständig wirkende „Spielfiguren" den Kosmos zu bevölkern.

Dabei wurden als ständiger Abwärtstrend mehr und mehr, immer mehr Unfähigkeiten als riskante aber faszinierende Spielfaktoren gefügt. Diese Unwägbarkeiten des nicht mehr Vorhersehbaren, wie beispielsweise der Faktor „Vergessen", machen das „Große Spiel" interessant.

Denn, zu fähig zu sein, wie es Geistige Wesen nun einmal sind, würde das Spielgeschehen auf Dauer langweilig, damit uninteressant werden lassen.

Die unaufhörliche, klare Vorstellung davon, ein Geistwesen, eine Seele, zu sein, sie nicht nur zu haben sondern sie tatsächlich zu sein, hebt uns aus dem unwürdigen Sklavendasein der Egos heraus.

Diese ständig aufrecht erhaltene Imagination verbindet uns wieder mit der Spielebene 7, der Ebene Geistiger Wesen, TAO, die wir wahrhaftig sind.

Ebene 2

Die Ebene der Familien

Als Familien, Sippen oder Clans finden sich verschiedene Geschlechter einer Lebensform zusammen. Deren vorrangiges Spielbestreben ist hier die Erhaltung der Art durch sexuelle Handlungen sowie der Schutz von Familienmitgliedern.

Der Liebe, sowohl in sozialer als auch in sexueller Ausprägung, wird eine besondere Wichtigkeit zugemessen.
Soweit die Liebe den Zielen der Familienebene dient, sollte sie harmonisierend und besänftigend wirken.

Häufig wird von den Wiedergeborenen geradezu panikartig einfach ein Körper geschnappt, weil Leute glauben, nicht ohne solch ein Werkzeug sein zu können oder zu dürfen. Als Kinder treten Menschen nach dem Tod erneut ins Leben ein.

Dem Kindersegen kommt in Familien eine besondere Rolle zu. Schließlich sind sie das Produkt der sexuellen Vereinigung.
Demnach wären Kinder eben nur die Fortführung der Sippe oder des Clans, damit diese deren Erbe durch die Zeit tragen.

Diese Betrachtungsweise hat vermutlich (sicher) nicht nur auf Planet Erde Tradition.

Im Lichte der Wiedergeburt eröffnen sich viele weitere Möglichkeiten.

Karmisch geprägte Vorstellungsweisen beispielsweise suchen und finden, sowohl bei den Elternteilen als auch bei den Kindern, schaffen Verantwortlichkeit für deren gemeinschaftliche Lebenszusammenhänge.

Häufig wird davon gesprochen, dass sich Kinder ihre Eltern aussuchen. Dies ist manchmal möglich, aber durchaus nicht die Regel.

Eltern die im Gegenzuge versuchen, sich ihre Kinder auszusuchen gibt es leider haufenweise.

Mittels Verhütungsmitteln und Abtreibung wird in den Prozess eingegriffen.

Im Verlaufe von Spirituellen Rückführungen habe ich erfahren dürfen: Kraftvollere Geistwesen, die erneut in das Rad des Lebens einsteigen, können ganz schön hartnäckig sein, wenn sie an ihre „vorbestimmten" Eltern „andocken" wollen oder es aufgrund karmischer Verbindlichkeiten müssen.

Sie haben dann auf einmal genügend Zeit zum Warten.

Diese Geistwesen halten sich in solchen Fällen einfach in der Nähe der zu ihnen gehörenden Menschen auf, an die sie energetisch gebunden sind.

Mit den so wichtig erscheinenden Anziehungkräften, sowohl Liebe als auch Hass, fügen sich Menschen zusammen.

Sollten die möglichen Eltern sich standhaft weigern ein Kind zur Welt bringen zu wollen oder sie schon zu alt dazu sind, werden auch einfach andere Paare aus der Verwandtschaft oder sogar aus der Nachbarschaft mit dem Kindersegen beglückt.

Eines muss uns aber immer wieder bewusst bleiben: Dies alles sind keine Standards!

Genauso gut kann sich das Rad der Wiedergeburt auch völlig anders drehen.

Als Geistige Wesen haben wir theoretisch immer wieder die Möglichkeit uns selbst aus den karmischen Verstrickungen zu lösen oder völlig neue Verbindungen einzugehen.

Leider sind wir auf dem Planeten Erde, Verstrickte im Netzwerk der Familienbande, ob als Kinder oder als Erwachsene.

Kinder können hier nur sehr, sehr selten wirklich frei entscheiden wohin sie gehen und mit wem sie ihr Leben gestalten.

Da wir uns auf der Erde in keinem besonders trostreichen Zustand befinden, sollten wir doch zumindest in den Familien Frieden halten.

Leider ist häufig genau das Gegenteil der Fall. Nicht umsonst versuchen daher einige verantwortungsbewusste Therapeuten sowie Seelsorger intensiv die Familienverbände zu rehabilitieren.

Dass dies nicht so einfach funktioniert, liegt daran: Selten werden frühere Leben berücksichtigt, die dort verborgene Konflikte angegangen und vor allem hinlänglich bereinigt.

Zumeist wird zwar der Konflikt aufgedeckt, Emotionen werden freigelegt und schlagen hohe Wellen; doch am Ende fehlt die Aufarbeitung, das Abkühlen der heißen Eisen. Es ist einfach zu oft vorgekommen, dass in vergangenen Ereignissen Mord und Totschlag geherrscht haben - in wechselseitigen Aktionen, mit den gleichen oder immer wieder anderen Akteuren.

Aus diesem Spielverhalten innerhalb der Familienverbände entspringen heutzutage solche Phänomene wie Geschwisterzwist oder Hassliebe bei Ehepartnern sowie Spannungsverhältnisse zwischen Eltern und Kindern.

Liebe und Hass (Hass ist erst als solcher wirksam, seit es Gruppenbildungen gibt), die kosmischen Bindekräfte, wirken sich durchgängig als Naturkräfte auch gegenüber dem hierin verstrickten TAO, dem Geistigen, aus.

In den Familienstrukturen, einem engmaschigen Netzwerk, kommen die gegenseitigen Abhängigkeiten besonders häufig an die Oberfläche.

Sie werden sichtbar und emotional heftig spürbar, könnten jedoch karmisch gelöst werden.

Wir finden uns immer, immer wieder zusammen, sogar über viele, viele tausende von Jahren hinweg. Die Chance zum Friedensschluss bietet sich jedes Mal erneut, wird aber nur sehr selten wahrgenommen.

Wer seine Verantwortlichkeit sehr stark in der Bindung an das Thema „Familie" sucht, hat vermutlich gegenüber diesen seinen Leuten etwas ganz Altes wieder gut zu machen.

Wer sich selbst als „Familienmensch" bezeichnet, also speziell diese Spielebene 2 favorisiert, gehört ganz sicher in die Kategorie derer, die ihr „karmisches Erbe" (etwas, das auf höheren Ebenen kaum ins Gewicht fällt) dringend bewältigen müssen.

Diese Geistigen Wesen haben aber anscheinend auch selbst erkannt, dass ihnen eine wichtige Aufgabe bevorsteht.

Sie versuchen nun, möglichst in diesem Leben der Verantwortung nachzukommen, ihr Familiennetz zu entwirren. Sie beabsichtigen, ihr Erbe irgendwie zu übernehmen und Klarheit herbeizuführen.

Obwohl oder gerade weil wir insbesondere in den Familienverbänden in einem weit gespannten Netzwerk festhängen, sollten wir uns alle der Aufgabe stellen. Wir sollten hier und jetzt bereinigte, sauber geklärte Verhältnisse schaffen.

Es nutzt nämlich gar nichts, wirklich überhaupt nichts, auf Dauer in die Einsamkeit zu flüchten, dabei nur an sich selbst denken zu wollen, um den Querelen in Familien aus dem Wege zu gehen.

Solch ein Eremitentum ist ein Spielfaktor der Ebene 1. Auf diese Art und Weise stürzen wir dorthin ab und geraten weiter hinein in die Spirale zu Egoismus und Egozentrik.

Wir verkleinern dadurch nicht nur unser Spielfeld, sondern auch die Spielmöglichkeiten reduzierten sich.

Wir entziehen uns lediglich der notwendigen Verantwortung sowie der echten Chance, etwas ändern zu können.

Die über den Tod hinausreichenden Verbindungen und Verbindlichkeiten sind allgegenwärtig.

Es macht übrigens auch gar keinen Sinn, die Geister Verstorbener rufen zu wollen. Damit wird höchstens deren Aufmerksamkeit (Lebensenergie!) von ihrem neuen Lebenszyklus abgezogen.

Dies kann bei den bereits Wiedergeborenen sogar zeitweilig zu geistiger Verwirrung sowie zu Energieverlust führen.

Das will man doch niemandem wirklich antun!? Solche Praktiken, Tote im Totsein, in ihrer so genannten Totenruhe, zu stören, beziehungsweise die mittlerweile schon wieder Lebenden in ihrem Fortleben anzuzapfen, sind immer problematisch.

Diese Aktionen lösen keinerlei Probleme. Sie dienen ausschließlich dem egoistischen Eigennutz. Wobei auch dieser Nutzen höchst fragwürdig bleibt.

Wie auf allen Spielebenen so gilt auch auf der Ebene 2: Um hier eine Partnerschaft aufrecht erhalten zu können, muss man immer, immer wieder daran arbeiten.

Täglich, stündlich, minütlich ... muss ein neuerliches Erschaffen die in Übereinstimmung geschaffene Verbindung, die Beziehung, mit Energie in Form von Aufmerksamkeit versorgen.

Die Partner sind sich darin untereinander verpflichtet.

Jeder steht, als so genannte „bessere Hälfte", für den jeweils anderen im „Grossen Spiel" des Lebens mit ein. Dieses Miteinander in einer Partnerschaft erfordert als wirkungsvolles „Schmiermittel" gegenseitiges Vertrauen und wechselseitige Unterstützung.

Zweisamkeit sowie Mehrsamkeit bleiben ausgesprochen instabil, wenn nicht kreativ, vertrauensvoll, bedingungslos, ohne nachtragend zu sein, am familiären Zusammenspiel gearbeitet wird.

Stimmt das vertrauensvolle Miteinander nicht, kann jede kleine Störung von außen das Spiel der Ebene 2 in Aufruhr versetzen.

Vor allem Personen, die sich negativ, als destruktive dritte Partei, einmischen, wirken als unwägbare Störfaktoren. Dies können Leute aus der eigenen Clanfamilie ebenso sein, wie Chefs, Mitarbeiter, irgendwelche Neider, Mißgünstlinge oder einfach Menschen mit eigenen, egozentrischen Absichten.

An deren mit bewusster Absicht oder nichtbewusster, zerstörerischer Einflussnahme können Paarbeziehungen und Familienbünde scheitern.

Die Forderung einer tolerant und respektvoll aufeinander einwirkenden, hilfreichen Zusammenarbeit in der Gemeinschaft, gilt daher durchgängig für alle Mitglieder des Familienbundes.

Familienverbindungen bestehen zwischen Eltern, Kindern, Großeltern und allen anderen Verwandten.
Clans oder Sippen oder dergleichen können wirklich ziemlich viele Menschen umfassen.
Heutzutage scheint es in vielen Kulturen allerdings nicht mehr Sitte zu sein, sich untereinander zu stützen.
Staatliche und kirchliche Organisationen, also die Ebene 3, mischen sich vorgeblich hilfreich ein, häufig jedoch störend, und übernehmen vielfach die Aufgaben von Familienbeziehungen.

Dennoch ist auf Spielebene 2, von Generation zu Generation, vorrangig das Spiel zur Erhaltung der Art angesagt.
Darauf baut die Zeugung und die Aufzucht sowie die Erziehung der Jungen auf (bei Menschen ebenso wie bei Tieren).
Sex ist der entscheidende Faktor für Vergnügen. Er ist die Belohnung für den Erfolg beim Überleben. Er verkörpert eine spezielle Art von Liebe im Spiel des Lebens.

Ich hebe hier absichtlich unser derzeitiges Menschsein nicht zu sehr in den Vordergrund, da Geistwesen ja durchaus auch andere Körperarten betreuen können.

Doch das Thema Sex ist immer wieder und immer noch ein Ausdruck von gemeinsam erlebten Liebesbeziehungen.
Es handelt sich dabei nicht ausschließlich um eine von vielen möglichen Spaßaktionen ohne besonderen Zweck.

Ist für einzelne Leute die Funktion der Arterhaltung durch Fortpflanzung aus irgend einem Grunde nicht möglich, so bedarf es zur Führung eines Familienspiels entweder einer entsprechenden Rolle im Rahmen einer großen Familie, um die man sich dann als Teil der Gemeinschaft kümmert, oder gleichwertiger Zielstellungen.
Pate, Onkel oder Tante zu sein erfüllt Menschen oftmals mit ähnlichen Glücksgefühlen und Verantwortlichkeiten wie die Eltern oder Großeltern im Verbund.

Aus den Erfahrungen mit Spirituellen Rückführungen stelle ich wiederholt fest: Es gibt Geistwesen die schon vor Äonen ein Paar wurden.
Sie haben sich vor ewigen Zeiten in energetischer Verwirbelung zusammengefunden, wie in einem Tanz der Energien.

Andere Wesenheiten frönten hingegen bereits am Beginn der Entwicklung, lediglich ihrer schon im Geistigen angelegten Individualität.

Auf der Reise durch die Zeiten sowie beim „Sturz" durch die Spielebenen haben sich die Dualseelen oftmals verloren.
Dennoch begegneten sich solche zur ursprünglichen Dualität zusammengefundenen Geistwesen immer und immer wieder einmal.
Bei solchen Zusammentreffen bildeten sie nicht zu allen Zeiten, nicht jedes Mal, Familienkonstellationen.
Aber die Begegnungen hatten sehr emotionale Auswirkungen auf den Verlauf ihres jeweiligen Erlebens.

Beim gegenseitigen Wiedererkennen müssen jedoch nicht zwangsläufig Sexualpartnerschaften entstehen.
Auch zum Beispiel als Eltern / Kind oder Bruder / Schwester oder in irgendeiner anderen, nicht unbedingt familiären Beziehung können sich solche Wesen wiederfinden.
Problematisch wird es, wenn sich solche uralten Partner-Geister wieder begegnen, während einer oder beide in diesem Leben bereits andere Ebene 2 Partnerschaften eingegangen sind.

Von den gesellschaftlichen Zwängen geprägte Spielsysteme der Ebene 3 sind dann besonders hinderlich.

Solche Begegnungen können emotional überaus schmerzhaft werden, wenn Trennungen ins Haus stehen oder die beiden „Königskinder" nicht zueinander finden dürfen.

Dennoch, auch hier gilt, wie bei jedem Zusammenwirken mehrerer, dem Grunde nach individuell veranlagter Geistwesen: Wenn dieser ur-uralten Beziehung keine neuerliche Energie gegeben wird, schwächt sich auch dieses Miteinander irgendwann energetisch ab.

Es sieht dann so aus als würde es nicht mehr weiter gehen.
Doch ein erneutes Aufflammen ist niemals ausgeschlossen.

Wir dürfen nicht vergessen: Die Ebene 2 ist zwar sehr wichtig für die Erhaltung der Art, also wichtig bis zur Spielebene 4 und vielleicht noch bis Ebene 5.
Aber sie ist eben eine noch ganz weit unten angesiedelte Spielebene - wirklich sehr weit entfernt von der Ebene 7, von dem was wir wirklich sind, nämlich TAO, das Geistige Wesen.

Wer sich auf dieser Spielebene der Familien zu sehr festbeißt, dadurch andere Ebenen mehr oder weniger aus den Augen verliert, verringert ohne Zweifel seine Chance zum geistigen Aufstieg.

Übrigens **Tantra**, hier finden wir Spielpraktiken der Ebene 2:

Tantra ist eine relativ späte religiöse Strömung innerhalb der indischen Philosophie. Das mittelalterliche Tantra diente häufig dazu, einen König, der entweder aus niederen Kasten stammte oder ausländischer Herkunft war, durch Rituale zu legitimieren.

Der heutige Tantrismus stammt aus dem 17ten Jahrhundert. Er stellt sich als eine Sammlung ritueller Techniken dar, die sich auf göttliche Entitäten, häufig auf Göttinnen, beziehen, um verschiedene körperliche sowie geistige Kräfte zu erreichen.

Die Ziele der tantrischen Riten sind Bhukti, Macht über das Diesseits, Siddhi, übernatürliche, magische Kräfte, und Jivan-mukti, die Befreiung durch Vergöttlichung.

Tantrismus ist durchdrungen von okkulten, magischen Vorstellungen.

Sehr ausgeprägt sind Ritual und Kult, da die Befolgung esoterischer Stufenwege, hin zu Erkenntnis und Erleuchtung, zentral für die religiöse Praxis ist.

Das Ziel des Tantrismus ist in Wahrheit die Einswerdung mit dem Absoluten und das Erkennen der höchsten Wirklichkeit.

Insbesondere wegen des Maithuna (dem ritualisierten Geschlechtsakt) ist Tantra in Verruf geraten und wird im Westen fälschlicherweise fast ausschließlich mit Sexualpraktiken identifiziert.

Es ist jedoch zu beachten, dass diese Praktiken nur von einigen Sekten, den Vamacharas, und auch dort nur von bestimmten Übenden, den Viryas, in einem rituellen Zusammenhang ausgeübt werden.

Im Übrigen wurden und werden ähnliche Praktiken teilweise auch in China, im Daoismus, praktiziert.

Die Spielebene 2, als Erlebnisebene für partnerschaftliche Beziehungen ist voll von ähnlichen Lebens- und Überlebenspraktiken.

Dass daraus Familienbünde, Clans oder Sippen entstehen, ist letztlich genau die Absicht des Geschehens.

Unsere Aufgabe besteht einfach darin, dem Erlebbaren den Stellenwert im Großen Spiel zuzuweisen, der ihm zusteht.

TAO muss nur achtgeben, sich nicht von Spaßfaktoren oder übertriebenen Verantwortlichkeiten einfangen zu lassen.

Ebene 3

Die Ebene von Gruppen

Die Ebene der Gruppen verleiht uns die Möglichkeit sowohl Mitspieler als auch Gegner in Mannschaften sowie beigeordnete Zuschauer und Fans haben zu können.

Speziell auf dieser Ebene spielen Begriffe wie: Gut und Böse, tragende Rollen.
Die Rollenverteilungen von "Gut" beziehungsweise „Schlecht" bis "Böse" finden sich in unterschiedlich gearteten Gruppierungen mit wechselnden oder verschiedenen Größenordnungen zusammen.
Diese treten dann mit mehr oder weniger Begeisterung im Kampf oder Wettstreit gegeneinander an.
Sie streiten zum Teil überaus emotional, um sich selbst zu beweisen oder um ihre Interessen zu wahren oder zu verteidigen.

Familienstrukturen treten dabei in gruppendynamischen Prozessen aus ihrem relativ eng gefassten Clan-Dasein heraus.

Systeme mit Individuen finden sich und fügen sich bei anwachsenden Zivilisationen zu immer größeren Gruppen, bis hin zu Gesellschaften und Staaten zusammen.

Viele Familien vernetzten sich auf diese Art und Weise, im Laufe der Zeit weiter und weiter. Sie schufen so, im größeren Miteinander, füreinander verantwortliche Gebilde.

Diese reichen nun von mehr oder weniger natürlich gewachsenen Einrichtungen, wie der italienischen Mafia oder der japanischen Yakuza, bis hin zu den staatlich sanktionierten Gemeinschaften in Form von Vereinen, Firmen und Konzernen, worin wir uns gegenseitig stützen sollten.

Die jeweiligen Staaten selbst sind nichts anderes, beziehungsweise sie sollten es sein, als solchermaßen vernetzte Konstrukte zum Wohle aller Bürger.

Leider pervertieren Gruppierungen allzu häufig, so dass das Gemeinwohl dann hinter dem Gierschlund und den Machtgelüsten einiger weniger zurückstehen muss.

Je größer, komplizierter und unübersichtlicher die Gebilde werden, desto ferner rücken auch deren Führer oder Führungseliten von den übrigen Menschen ab.

Umso verrückter werden Entscheidungen sowie die dafür gestalteten, gesetzlichen Regelwerke und die für deren Durchführung und Überwachung geschaffenen Strukturen.

Absolutistische Königreiche und Diktaturen sowie Bürokratien (Diktokratien) sind Ergebnisse solcher irrsinnig gewordener Ebene 3 Spiele.

Die Ebene der Mitspieler ist im gleichen Zusammenhang auch eine Ebene der Gegenspieler. Ursprünglich fanden sich Geistwesen sowie später die Körperlichen (wie z. B. die Menschen) in Gruppen zusammen, um gemeinsam mit ihren komplexen Problemstellungen zu spielen, sie zu lösen oder einfach nur Spaß dabei zu haben.

Veranstaltungen der verschiedensten Art waren und sind hierzu wichtig, um sich vergnüglich, zum friedlichen Wettstreit treffen zu können.

Jegliche größer angelegte Aktion in Sachen Sport, ist letztlich eine solche Gruppenaktivität.

Sobald jemand in einen Wettbewerb gegen andere eintritt, wird dieses sportbegeisterte Einzelwesen, zumindest von außen betrachtet, einer Gruppierung beigeordnet.

Hier wird dann oftmals die Zugehörigkeit zu einem Staat oder einem Land besonders hervorgehoben.

Dieses dynamisch angelegte Gemeinschaftsgefühl kann Wesenheiten aufbauen und vorantragen.

Eine Gruppenmotivation funktioniert unter anderem auch als Anschub für Leute, die sich in Vertriebsstrukturen und Verkaufsorganisationen zusammenfinden.

Viele Managementkurse bauen auf solcherart kurzzeitig vorgetäuschte Kraftverstärker.

Die Begeisterung, die sich aus dieser Dynamik ergibt, ist aber leider nicht von Dauer.

Wir haben es hier eben nicht mit wahrer Geistigkeit zu tun.

Letztlich ist sie ein flüchtiger Energieschub der schnell schwächer wird; er muss im Laufe der Zeit immer wieder neu aktiviert werden.

Geistige Wesen sind aber nun einmal im Ursprung Spielgeister, die sich gerne auch auf diese Art von Spielchen einlassen.

Das wissen allerdings auch jene politisch oder/und religiös motivierten Mächte, die es verstehen, solche „Schwächen" zu nutzen.

Die Dynamik der Gemeinschaft ist einerseits beflügelnd, andererseits kann sie auch zum Verlust von Vernunft führen.

Im Geleit von großen Gefühlen und großen Taten, finden wir auch immer den Verlust, eines erheblichen Anteils des vernünftigen Denkens.

Sind diese Aktivitäten gar ausschließlich fremdgesteuert, so werden die Menschen damit oft und oft regelrecht verheizt.

Könige, Kaiser, Päpste, Diktatoren oder so genannte „große Feldherren" machen sich entsprechende Denk- und Handlungsweisen gerne zunutze.

Von diesen Agitatoren wird dann eher die geistlose Mitläufer-Mentalität bei Menschen geschätzt, die sich dem vorgeblich ach so großen Ziel verschreiben.

Viele, wirklich sehr viele der Menschwesen begeben sich auf diese Art und Weise freiwillig in Gruppierungen, um entweder der Eigenverantwortung zu entfliehen, Verantwortlichkeit abzugeben oder sie möglichst weit von sich weisen zu dürfen.

So verbergen sie recht einfach ihre wahre Identität und können so tun als hätten sie sich ihrem Individualismus als Menschen ergeben. Diese Leute haben dann: „Nur auf Befehl gehandelt!"

Die Gesamtheit der Gruppe oder deren Anführer sind letztlich an allem schuld, wenn etwas schief gehen sollte. Wer von sich behauptet, er hätte „Nur auf Befehl gehandelt!", hat sich lediglich abgewandt (wie drei Affen, die: Nichts hören, nichts sehen, nichts sagen!), anstatt seiner geistig-seelisch höchsten Verantwortung nachzukommen, dem „Hinschauen".

Solche Leute sind in die Systeme der Unmenschlichkeit unmittelbar integriert.

Sie sind dafür beschäftigt und werden für ihre Tätigkeit oder aber für ihre Untätigkeit fürstlich entlohnt.

Besonders in den verrückt machenden Strukturen von Armeen, werden aus ansonsten ganz normalen, friedfertigen Menschen befehlsgesteuerte Tötungsmaschinen.

In Uniformen gesteckte Leute, von nun an Soldaten, werden oft genug während Kriegseinsätzen zu folternden Gewalttätern, zu Mördern und Vergewaltigern.

Jene Armeen, angetrieben von diktatorischen "Größen" wie Napoleon, Hitler, Stalin oder Mao, überrennen und vernichten das Leben sowie die geschaffenen Werte vieler Millionen.

Die Lebenswerke von aufrechten, ehrlichen Werteproduzenten werden einfach überrollt.

Alles nur im (Un-)Sinne mystifizierter Ideale, eingepflanzt in die Hirne von Menschwesen, deren eigener Mystizismus nur angestachelt werden musste.

Ihr analytisch arbeitender Verstand wurde und wird noch immer dafür offensichtlich weggeschaltet.

Alle Gruppierungen haben die geradezu gewollt bösartige Eigenschaft Intelligenzen und deren Fähigkeiten zu schlucken, zu missbrauchen und zu nivellieren (gleichzuschalten).

Organisationen fressen mit der Zeit sowohl die „Seelen" ihrer Gründer als auch die der beteiligten Mitarbeiter, die loyal sind und ihre ganze Aufmerksamkeit, ihre Energie, dem Erhalt der Gruppierung widmen.

Bei den gruppendynamischen Prozessen kann immer wieder beobachtet werden, dass Individuen sich dem Gruppendenken, dem Gruppendruck sowie dem entsprechenden Zwang in ihrem Verhalten unterordnen.

Während Wesenheiten, als Einzelne, durchaus vernünftig sind, entarten sie, in Verbindung mit anderen, zu gefährlichen Leuten. Dies speziell in all den Unrechtsstaaten auf diesem Planeten.

Je größer und mächtiger Menschenmengen sind, dies gilt auch für die Staatsgebilde, desto irrer benimmt sich der darin entstandene Mob.

Gruppenaktivitäten rufen zudem, neben den aktiv auftretenden Machern oder Mitmachern des Geschehens, Zuschauer oder Fans auf den Plan.

Diese Wesenheiten bevölkern den Rand des jeweiligen Spielfeldes und bejubeln „ihre" aktiven Spieler oder buhen diese beziehungsweise die Gegner gemeinsam aus.

Als jemand der „nur zuschaut" muss man ja schließlich oder angeblich auch keinerlei Verantwortung übernehmen.
Dass jedoch gerade die Zuschauer es sind, die ungeheure Energien zum Spielgeschehen beisteuern, wollen die Wesenheiten nicht wirklich wahrhaben.
Außerdem enthebt die Tatsache, nichts getan zu haben, statt aktiv dabei gewesen zu sein, in keinster Weise von der Verantwortlichkeit für das letztendliche Ergebnis.

Die Aktion, Geistwesen zunehmend zu Zuschauern zu degradieren, ihre Energien auf diese Weise gelenkt anzuzapfen, wobei deren Fähigkeiten zum Erschaffen damit enorm abnehmen sollen, ist insbesondere von jenen Herrschaften gewollt, die auf der Spitze einer Machtpyramide zu sitzen glauben.
Die Zuschauertribüne wird heutzutage besonders vom Fernsehsessel oder Sofa abgelöst. Solange die lieben Leute dort still gehalten werden können, gewissermaßen ruhig gestellt sind, und sich berieseln lassen wollen, ist ihre Gefährlichkeit gleich Null.

Spielebene 3 „deckelt" nämlich alle darunter befindlichen Ebenen.

Hier finden sich die mehr oder weniger sinnbringenden Moralbegriffe, die in einer Gesellschaftsform für Ordnung sorgen sollen.

Daraus entstehen so, ge- oder verbildete Gesetzestexte sowie nachgeordnete Verordnungen.

Die Akteure dieser Spielebene, die reale oder aufgesetzte Macht ausüben, bestimmen also auch, was als normal und was als verrückt zu gelten hat.

Wer von hier aus in Übereinstimmung mit den erlassenen Regeln geht, lässt sich auf das Spiel der jeweiligen Gruppierung ein, der er angehört.

Im Gruppenverhalten wird sehr intensiv Ernsthaftigkeit eingefordert.

Wir können hierbei deutlich feststellen: Die Ernsthaftigkeit ist ein ganz schlimmer Spielverderber.

In der Ernsthaftigkeit, des besonders in Gruppen weit verbreiteten, vorgetäuschten Konservatismus, beginnt der Einstieg in den Verlust an Spielspaß.

Der freie Spielgeist geht immer dann verloren, wenn die Ebene 3 ihren Blutzoll fordert, wenn Gruppierungen das Geistige Wesen binden und einbinden wollen.

Dann steht das, nach Zugehörigkeit, Loyalität und Verantwortlichkeiten lechzende Gruppenbewusstsein, dem die Freiheit liebenden, individuell denkenden Geistwesen direkt entgegen.

Begriffserklärung:

„**Gruppendynamik** ist eine wirksame Methode zur gezielten Steuerung und Beeinflussung der ursprünglich natürlichen, zwischenmenschlichen Dynamis in einer Gruppe, um eine unterschwellige Veränderung des Denkens und Handelns von Menschen auf dem Gefühlsweg zu erreichen.

Dabei muss genau zwischen der Dynamis und Dynamik unterschieden werden:

Dynamis bedeutet „Bewegung". Gemeint ist die Kraft, die Potenz oder das Vermögen zu etwas, das sowohl Wesen als auch Dingen wesentlich innewohnt.

Damit ist hier der natürliche Austausch gemeint, der zwischen Menschen besteht; dieser soll bewusst beeinflusst werden.

Dynamik dagegen besagt „Bewegtheit". Das heißt: Etwas wird von fremden Kräften bewegt; eine Bewegung wird also durch Einfluss von außen verursacht.

Genau dies geschieht bei der **Gruppendynamik**: Durch die gezielte Beeinflussung mittels von außen einwirkender Kräfte werden einzelne Gruppenmitglieder manipuliert."

Quelle: http://dergeradeweg.wordpress.com/2011/04/02/gruppendynamik/

Ebene 4

Die Ebene der Menschheit

In der Spielebene der Menschheit, einer speziellen Lebensform, übernehmen wir absichtlich diese für uns besonders gut brauchbaren, biochemischen Fleischkörper.

„Menschheit" ist eine im gesamten Universum verbreitete Körpermatrix, die uns, als Geistwesen, enorm ähnelt.

In der Verkörperung können wir verschiedene Spielsituationen so richtig erleben, voll ausleben und durchleben.

Wer hätte gedacht, dass die Menschheit eine kosmisch verbreitete Rasse ist?

Die dort draußen sehen allerdings nicht immer ganz genauso aus wie wir auf Planet Erde.

Es kommt immer auch ein wenig auf die anderswo herrschenden, genetischen sowie morphischen Gegebenheiten an, mit denen wir uns der Umgebung auf den jeweiligen Planeten anpassen.

Wir, die Geistigen Wesen dieses Planeten, nutzten ursprünglich zum Aufbau unserer Körper die Gene der Primaten, der für die hiesigen Verhältnisse bereits angepassten Affen.

Das soll nicht heißen, dass wir von den guten Freunden abstammen. Wir haben nur genutzt, was wir auf der Erde als „Baumaterial" vorfanden.

Zur Bandbreite der Menschheit zählen in jedem Falle die Ebenen 1, 2 und 3 mit.

Hier finden wir alle von uns geschaffenen, geistigen Komponenten für: Alle Menschen, alle Familien, alle Rassen, alle Religionen, alle Staaten auf diesem Planeten, ohne jede Einschränkung.

Rassenhass ist pure, überaus schwachsinnige Intoleranz und sollte weltoffenen Menschen einfach nur fremd sein.

Dieser irre Blödsinn zählt, für freiheitsliebende Wesen, zu jenen Denkstrukturen, die aus den Köpfen, beziehungsweise aus dem Verstand, den Vorstellungen von für das Geistige offenen Menschwesen, eliminiert gehört.

Vielerlei Personengruppen konstruieren irrwitzige politisch oder religiös geprägte Muster. Der künstliche Aufbau unterschiedlicher, abgrenzender Toleranzmuster widerspricht dem Denken von Freidenkern.

Die Toleranz oder Duldung ist nämlich grundsätzlich unteilbar; entweder man ist tolerant (duldsam) oder eben nicht.
Sie gilt als vernünftiger, positiv wirkender Umgang zwischen Menschen. Toleranz, als zulässiger Abstand, sollte niemals dem Aufbau von Begrenzungen dienen.
Lediglich zum Selbstschutz errichtete Grenzen, sind einzuhalten und von allen Mitmenschen respektvoll zu behandeln.

Für visionsbegabte Wesen gibt es absolut keinen Grund, Menschen in derartig verrückte Gewaltmaßnahmen wie Aufstände oder Kriege hinein zu ziehen oder dorthin zu schicken.

Unterdrückerische Vorgehensweisen wie beispielsweise alle Kriegsaktivitäten schaden den Menschen im Besonderen und der Menschheit im Allgemeinen.
Kriege aller Art sind der menschlichen Denkart von Grund auf abträglich.
Der Kriegsgedanke wurde über die Zeit, durch ständige Wiederholung, immer tiefer im Bewusstsein verankert.

Dadurch wurde er in der Vorstellungswelt von Menschen festgeschrieben.

Daher sollte, im Großen wie im Kleinen, jegliche, von Gewalt geprägte, sowohl nonverbale als auch verbale Form gegenseitigen „Niedermachens" sowie jedwede Art und Weise von Unterdrückung anderer, einfach nur strikt abgelehnt werden.

Die Thematik übergreifender Menschlichkeit ist ein vorrangiges, humanitäres Anliegen in allen Bereichen des Zusammenseins.

Übergreifende Menschlichkeit heißt dabei, dass zu Gunsten aller, positiv wirkende, aus uneigennütziger Liebe gebende, Denkweisen sich explosionsartig verbreiten müssen.

Diese Art zu denken und zu handeln muss möglichst schnell, möglichst vielen Menschen zugänglich werden.

Die derzeit noch weit verbreitete „Vorspiegelung falscher Tatsachen", als Betrug an den Menschen, hat mit wahrer Menschlichkeit nichts gemein.

Diese betrügerische Herangehensweise wird täglich bei allen, der gewollt unausgereiften Demokratien auf Planet Erde betrieben. Hier geht es ausschließlich um Kontrolle und Machtausübung elitär denkender Gruppierungen.

Mit verlogenen, psychologisch aufgemotzten, getricksten und von ferne gesteuerten Pseudotatsachen, gezielt verfälschenden sowie absichtlich fehlinformierenden Marketing-Maßnahmen wird die Menschheit laufend für dumm verkauft.

Feinsinnige Propaganda macht Menschen zu Lemmingen, zu Stimmvieh, Konsum- und Arbeitssklaven.

Die für das Verständnis der Menschheit wichtige „Konvention zum Schutze der Menschenrechte und Grundfreiheiten" legt eindeutig fest, welche Grundrechte allen Menschen zustehen.

Sie wurde in Rom am 04. November 1950 abgeschlossen; nochmals aufbauend auf die „Allgemeine Erklärung der Menschenrechte", die bereits am 10. Dezember 1948 von der Generalversammlung der Vereinten Nationen verkündigt worden ist.

Dort steht unter anderem geschrieben: „Diese Erklärung bezweckt, die universelle und wirksame Anerkennung und Einhaltung der in ihr aufgeführten Rechte zu gewährleisten."

Leichte bis schwere Menschenrechtsverletzungen sind dennoch weltweit an der Tagesordnung.

Dies gilt auch und speziell in Ländern die so tun, als wären sie die großen Verfechter der genannten Konvention.

Lediglich einige religiös angelegte Gemeinschaften versuchen, mit mehr oder weniger Erfolg, der Menschlichkeit zu mehr Raum zu verhelfen.

Leider wird aber sogar deren gebotene Hilfe häufig missbraucht, um wiederum nur Abhängigkeiten zu schaffen - unter Ausnutzung des dem Geistigen Wesen innewohnenden Altruismus.

Insbesondere der altruistisch ausgeprägte Schuldgedanke, in Form einer Erbsünde oder von Kollektiv- beziehungsweise Generationenschuld und damit verbundenen Schuldzuweisungen bis hin zu finanziellen Schulden, wurde von religiösen sowie politischen Führern mehrere tausend Jahre lang rasiermesserscharf geschliffen, um Gegner zu erledigen.

Diese falsche Schuld wurde und wird benutzt, um ganze Völker klein zu machen und klein zu halten.

Das Werkzeug der falschen Beschuldigung, wird über lange Zeiten hinweg zur Unterdrückung der Masse „Mensch" eingesetzt.

Eine aufgeklärtere Menschheit trägt die hohe Verantwortung, den Spieß umzudrehen, die wahrhaft Schuldigen zur Rechenschaft zu ziehen und ihr Ansinnen zu ihrem eigenen Teufel zu jagen.

Jean-Jacques Rosseau erkannte haargenau einen Großteil der Falle und beschrieb diesen so:

„Der erste Mensch, der eine Wiese einzäunte und forsch behauptete: `Das ist mein Land!´ und Leute fand, die dumm genug waren, es zu glauben, war der eigentliche Begründer der modernen Gesellschaft.

Wie viele Kriege, Verbrechen, Morde, wie viel Elend und Feindschaft wäre der Menschheit erspart geblieben, wenn damals nur einer beherzt vorgetreten wäre, die Pfähle herausgerissen, den Graben aufgefüllt und allen zugerufen hätte: `Hört nicht auf die verlogenen Behauptungen dieses Betrügers! Ihr seid verloren, wenn ihr vergesst, dass die Früchte der Erde allen gehören und die Erde niemandes Besitztum ist!´."

Eine der, von Machtstreben geleiteten, Forderungen, zur Manipulation von Menschen sowie der gesamten Menschheit lautet:
„Bindet sie an die Scholle, an Grund und Boden!"

Genauso könnte es hier heißen:

„Tut so, als würden die Länder irgend jemandem gehören,

Tut so, als gäbe es Gebiete für Stämme und Völker, die diesen schon seit ewigen Zeiten eigen waren.

Baut mit dieser Forderung Grenzen auf, Begrenzungen des Landes und Grenzen in den Köpfen der Leute. Mit diesem begrenzenden, geradezu begrenzten Denken lassen sich nämlich wunderbar mörderische Kriege entfachen und richtig schlimme Gewissenskonflikte konstruieren."

Die Spiel-Ebene 4 befindet sich somit in ständiger Wechselbeziehung zu Akteuren der Ebene 3.

Es muss offenbar noch sehr viel verändert und verbessert werden, bis die Menschheit, zumindest auf der Erde, tatsächlich wieder mit einer Stimme sprechen kann.

In der Spiel-Ebene 4 und in der Beziehung zu ihr, vollzieht sich eine uns Geistwesen fordernde Verantwortlichkeit, mit sehr hohem Anspruch.

Wer jetzt noch weiß oder zumindest die Möglichkeit anerkennt, dass die Matrix der Menschheit sich sogar weit über diesen Planeten hinaus erstreckt, wird erahnen können, was tatsächlich hinter dieser Forderung nach übergreifender Menschlichkeit steckt.

Die Spirituelle Rückführung hat mir gezeigt: Das Thema des „Menschlichen", mit den ähnlich konstruierten Körpern und zudem leider auch entsprechenden Handlungsweisen, ist wirklich ungeheuer weit, kosmisch verbreitet.

Mensch zu sein bedeutet und erfordert eine Notwendigkeit zur geistigen Entwicklung, mit dem Ziel der Befreiung vom ausschließlichen Menschsein, das weit über unseren derzeitigen, einfachen Denkrahmen hinausreicht.

Keiner von uns Menschen arbeitet ausschließlich zugunsten der gesamten (irdischen) Menschheit.

Auch hinter den Aktivitäten weltweit tätiger Organisationen, mit den entsprechend propagierten Vorgaben, zum Wohle aller Menschen arbeiten zu wollen, verstekken sich vielfach Commerzgedanken sowie offene Gier- und Machtgelüste.

Wie so häufig bei den Ebene 3 Gruppierungen zu beobachten, verbirgt sich hinter dem Geschehen, eine planvoll erzeugte Abhängigkeit von nur dienenden „Untermenschen", zugunsten übergeordneter Organisationen und Strukturen oder der „Führungspersönlichkeiten".

Daher sind, ohne übertriebene Rücksicht auf Organisationsstrukturen, die couragierten Handlungsweisen der vielen Einzelnen wichtig; initiiert von uns geistigen sowie menschlichen Individuen.

Wir sind gefordert, uns detailliertes Wissen anzueignen.

Dieses Wissen reichen wir dann vernetzt weiter, um aus gemeinsamen Erkenntnissen letztlich vernünftige Schlüsse ziehen zu können.

Wir sind nämlich keineswegs die schwächlichen, „kleinen Leute" zu denen uns gewisse Herrschaften gerne degradieren möchten.

Wir sind die vielen, von dynamischen Kräften gestützten, geistig aktiven Personen, die alle miteinander die Menschheit bilden.

Die Menschheit lebt, wie bereits erwähnt, überall im Universum in ähnlichen Welten. Oftmals leben die Menschen in Gesellschaften mit offen betriebener oder mit versteckter Unterdrückung.

Permanent provozierte Unzufriedenheit durch gezielt erzeugten Mangel: An Arbeit, Bildung und persönlicher Freiheit, lenkt von den eigentlichen Absichten der Machthaber ab.

Vorgespiegelte Lügengebilde, fortgesetzter Betrug und Schwindel trägt dazu bei, dass Menschen zu Sklaven degradiert werden.

Vortäuschen von Belohnungen, durch vermeintlichen Wohlstand und eine lauthals propagierte Sicherheit, vermittelt falsches Glück; dadurch wird Selbstachtung und der Selbstwert von Wesen lediglich reduziert.

In Wahrheit werden nämlich alle positiven Werte, die den vernünftigen Wesenheiten jemals etwas bedeutet hatten, von machtgierigen, hochmütigen Leuten und ihrem System zerstört, die darin eine Gefahr für ihre Unterdrückungsmanöver sehen. Durch die Zerstörung von kulturellen und sozialen Werten, unterdrücken Betrüger das Vorankommen der Menschheit.

Wertezerstörer werden von Zynismus, von Faulheit und dem Erhalt ihrer Macht getrieben. Ihre zerstörerische Inkompetenz bringt Zwietracht, Neid und Missgunst hervor, die auf jene Menschen gerichtet sind die produzieren.

Vorgetäuschte Wahrheiten, Illusionen die geschickt durch vorgeblich logische, unzweifelhaft gemachte Schlussfolgerungen gewoben werden, verschleiern die Unterschiede zwischen Wertezerstörern und den echten Werteproduzenten.

Wir müssen uns daher beständig fragen: "Wer ist der Werteproduzent und wer der Wertezerstörer?"

Es gilt:

„Nicht an ihren Worten, an ihren Taten sollt ihr sie erkennen!"

Wenn der Erfolg bestraft, statt dessen die Erfolglosigkeit belohnt wird, dann sind hier ganz sicher Wertezerstörer am Werke.

Die Systeme sind feinsinnig und die Netze, in denen wir uns verfangen sollen, sind sehr fein gesponnen.

Hierzu gehören unter anderem auch Netze der sozialen Sicherung.

Unter dem illusionistisch inszenierten Vorwand, die Bevölkerung sichern zu wollen, werden Menschen dauerhaft gegängelt und in Abhängigkeit gehalten. Hilfsangebote werden gezielt missbraucht, um Leute zur Erhaltung von Macht kontrolliert zu steuern, mit diesen Mitteln zu unterdrükken.

Statt Selbstständigkeit zu fördern versetzen jene, die glauben über den anderen zu stehen, "kleine Leute" in Existenzangst und lassen sie nicht „hoch kommen".

Die Betrüger und Schwindler operieren ohne echte Übereinstimmung mit der Bevölkerung.

Sie manipulieren Wahrheiten, Menschen und Wahlen, regieren durch unverdiente, vorgetäuschte Macht und wenden Nötigung und Gewalt an, damit Menschen ihre Arbeitskraft, ihre Werte, ihr sauer verdientes Geld opfern.

Geld wird jenen beispielsweise in Form von Versicherungen oder Steuern geopfert.

Wir, jeder einzelne sowie die Menschheit insgesamt, müssen den Mystizismus (Geheimnisse und Tabus) im System erkennen, der von den vorgeblichen "Wohltätern der Menschheit" aufgebaut wurde.

Ihn zu erkennen, zu entschleiern und damit zu beginnen, ihn aus unserem eigenen Denken zu entfernen, ist extrem wichtig.

Diesen Mystizismus muss jeder anfangen, zuerst einmal bei sich selbst auszutreiben.

Persönlicher Mystizismus (Geheimniskrämerei, Obrigkeitsgläubigkeit, Versteckspiel, ...) ist nämlich die Hauptursache für Stagnation auf allen Gebieten im Leben.

Bei der Politik, der Religion, in Wirtschaft und Management sowie am Anfang der menschlichen Entwicklung, in Familie, Kindergärten, Schulen und Bildungsinstituten, wird die Menschheit darauf eingestimmt, sich führen zu lassen.

Es gibt weit und breit keine wahre Demokratie, bei der tatsächlich alle Macht vom Volke ausgeht.

Alle diese weit verbreiteten Tendenzen zu einengender, externer Führung müssen dringend aufgedeckt und schließlich ausgetrieben werden.
Nur so kann die Menschheit, jeder Einzelne davon, mehr Freiheiten zur Entwicklung von Selbstständigkeit erlangen.

Die Betrüger und Schwindler sind sogar an ihren Arbeitsplätzen schlau planende Leute. Sie agieren mit einer gut getarnten, kriminellen Geisteshaltung.
Sie stehlen anderen ihre Ideen, somit erst ihre psychischen und weiterhin ihre physischen Lebenswerte.

Von den Menschen ihrer Umgebung erkennt womöglich erst einmal niemand diese Diebstähle.

Mit verdreht dargestellten Illusionen eines verwirrend gestalteten Rechts greifen Betrüger und Schwindler die Werteproduzenten an.

Sie legen Schuld auf sie, während sie Gut als Böse und Böse als Gut erscheinen lassen.

Die Unschuldigen erscheinen auf diese Art und Weise schuldig und die Schuldigen unschuldig.

Mit dehn- und verdrehbaren Mitteln, gesellschaftlich anerkannter, somit versteckter Kriminalisierung, wird jedermann in seinem Alltags- und Berufsleben zu einem potentiellen Verbrecher gemacht.

So werden Millionen Menschwesen zu Opfern der Massenverführer, der Erzeuger von Bürokratie und Gleichmacherei, der Psychomanipulatoren, der politisch agitierenden Sozialdiktatoren, der sich mit Rechtsverdreherei, mit Rechthaberei und den Rechtfertigungen der vorgetäuscht logischen Beweise über Wasser haltenden Wertezerstörern.

Seit ziemlich langer Zeit (wirklich schon sehr lange!) entwickelten diese Betrugsspezialisten mit ihren vorgeblich logischen Schlussfolgerungen diabolisch geniale Lehren, um jedermann auszutricksen.

Die unterschiedlichen religiösen Ideen, in irgendwie zu Feinden gemachten Religionsgemeinschaften, wurden ebenso zu diesem Zweck geschaffen, wie viele verschiedene Wirtschaftssysteme und politische Strukturen.

Je mehr angebliche Verschiedenheiten, von außen herangetragene, extern aufgestellte Lebenskonzepte, den Menschen vorgespiegelt werden, desto leichter lassen sich diese verunsichern, somit also letztlich regieren.

Das Resultat ist immer die Stagnation geistiger Entwicklung in jeder Art von Menschheit.

Über Jahrtausende woben und strickten die Betrüger jene destruktiven Rationalisierungen, verlockenden Mystizismen, gut klingende Altruismen in die Köpfe der Menschen. So wurde fein säuberlich eingesponnen oder einfach mit voller Absicht mitgewirkt von Regierungen, Parteien, Religionen, Banken, Bildungssystemen, Gewerkschaften, von Unternehmen und Firmen sowie vom Journalismus, gesteuert von mächtigen Medienmogulen.

Auch das Management der Wirtschaft bewegt sich naturgemäß in der Seelenverwandtschaft von Kirchenmännern, Politikern, Journalisten, Gewerkschaftsführern, Bürokraten, Advokaten und anderen, die Werte unterdrücken.

Immer Hand in Hand mit dem politischen Schwindel sowie mit den rechtlichen Schwindeleien arbeitet nämlich der so genannte Schreibtisch-Schwindel.

Mit dessen Strukturen wird der globale Geldfluss kontrolliert.

Er hindert Beamte, Arbeiter und Angestellte daran, zu Geldvermögen und zu Wohlstand zu kommen.

Politische Strukturen bildeten sich weltweit aus diesen drei Gewalten:

> A) Der Legislative, als der gesetzgebenden Gewalt,
> B) der Judikative, der die Gesetze anwendenden oder auslegenden Gewalt, und
> C) der Exekutive, der ausführenden Gewalt.

Die Mächte der Politik stützten sich immer, wenn es hart auf hart kam, grundsätzlich auf die Exekutive, um ihren Erhalt zu sichern.

Dies veranlasste Mao Tse Tung, den Führer der kommunistischen Partei in China, zu dem Ausspruch:

> "Alle politische Macht kommt aus dem Lauf einer Waffe."

Genau aus diesem Grunde ist aber auch deren Macht über die Menschheit, eine gefälschte Macht.

Je geringer die Übereinstimmung der Regierenden mit dem Volke ist, desto mehr erfordert es tatsächlich der ausführenden Gewalt, mit ihrem Waffenarsenal, zur Umsetzung von Regelwerken.

Durch ihre von Gewaltmaßnahmen gestützten Regelwerke zeigen diese Machthaber auf das vortäuscht "Gute" oder das "Beschützende", das sie fortdauernd inszenieren, um die Menschen angeblich vor sich selbst und vor anderen Werteproduzenten zu "schützen".

Allerdings:

Bereits die Erkenntnis, das Wissen sowie unser Bewusstsein, über die Verantwortung von uns Menschen, als gesamter Menschheit, schwächt die Unterdrücker.
Dies gibt uns zugleich die Entschlossenheit und die Kraft, von Vernunft getragene Veränderungen herbeiführen zu können.

Die zähflüssige Masse aus Mystizismus, Traditionalismus, Fremdsteuerung, zerkleinerndem Spezialistentum, Betrug und aus Schreibtischschwindel hindert Menschen daran, Freiheit zu erleben.
Vorrangig müssen daher mystizismusverseuchte Denkstrukturen strikt ausgerottet werden.

Dies dient einer wirklich sicheren Zukunft, in der Vorstellungswelt jedes Einzelnen sowie der gesamten Menschheit.

Erst sobald Du, zusammen mit all den anderen, auch den persönlichen Mystizismus aus dem Spiel der vier Ebenen ausgetrieben hast: Ego bis Menschheit, kannst Du, kann jeder, mit Fug und Recht behaupten:

"Ich kontrolliere jetzt das Spiel, die Handlungen meines Lebens selbst."

Hinauf zu höherer Spielfreude

In den Ausführungen der Ebenen 1 bis 4, haben wir uns mit den dort herrschenden Spielvoraussetzungen vertraut machen können.

Wir müssen uns jedoch immer, immer wieder vor Augen halten: Es handelt sich um Spielebenen, wechselseitig sich durchdringende Ebenen im „Großen Spiel", kosmisch gesehen oder „des Lebens", je nach Betrachtung beziehungsweise Blickwinkel oder Sichtweise!

Jegliche Ernsthaftigkeit, die wir in diesem „Großen Spiel" vorfinden, ist ein Spiel- und Spaßverderber.

Wir sind und bleiben TAO, das Geistige Wesen, das Selbst, mit seinem innewohnenden „Spieltrieb", mit dem wir uns das gigantische Spielfeld des Universum geschaffen haben und womit wir es noch heute, wie zu allen Zeiten, beständig aufrecht erhalten.

Dieser „Trieb" darf nicht mit einem niederen, eher tierischen Trieb verwechselt werden.

Es ist einfach unser Antrieb, unsere Aufgabe die wir seit Äonen erfüllen und womit wir hier angetreten sind.

Mit diesen Zeilen versuche ich zu rehabilitieren was mittlerweile anscheinend in Vergessenheit geraten ist.

Indem wir oftmals darin übereingestimmt haben, dass wir dem Spiel angehören, haben uns die von uns selbst erschaffenen Spielebenen sehr, sehr eingebunden und betreiben zunehmend ihr „eigenes" Spiel mit uns.

Deshalb sei hier abermals ganz deutlich klargestellt:

**„Wir sind kein Bestandteil
des Universum!
Wir sind dessen Schöpfer und
die Regisseure im Spielgeschehen."**

Lasst uns nun gemeinsam anschauen welch großartiges Werk das Göttliche TAO uns zugetraut hat und was uns noch immer anvertraut bleibt.

Verantwortlichkeit ist der Maßstab an dem wir, TAO, gemessen werden.

Um wieder wahrhaft Geistig, als reine TAO-Wesen, zu sein, müssen wir Verantwortung auch dann übernehmen, wenn es uns völlig unmöglich erscheint.

Seltsamerweise: Je mehr wir uns unserer Verantwortung stellen, desto leichter wird sie. Erst, wenn wir dieses Paradoxon für uns auflösen, in Erfahrung bringen, was es heißt TAO zu sein, als TAO zu denken und zu handeln, werden wir auch freie Geistwesen sein.

Ebene 5

Die Ebene von Lebewesen

Auf dieser Spielebene setzen wir Lebensformen oder Lebewesen in Bewegung. Denn Lebendiges ist uns selbst sehr ähnlich.

Im Unterschied zu uns Geistwesen empfindet es jedoch sowohl Schmerz als auch Vergnügen sehr viel intensiver.

Dadurch entstehen Emotionen, Gefühle, Fühlen. Auch die emotional tiefer liegende Liebe, mit ihrem Gegenspieler dem Hass, sind Ausdruck von Leben.

Auf dieser Ebene begeben wir uns mit Absicht selbst in den Kreislauf des Werdens und Vergehens hinein. Wir knüpfen uns selbst auf das Rad des Lebens.
In der zunehmenden Übereinstimmung mit den Körpern, egal welcher Art von Leben (Einzeller, Pflanzen, Insekten, Echsen oder ...), sind wir „verwundbarer" geworden.

Der ständige Kampf ums Überleben beginnt ab hier wichtig zu sein.

Obwohl der Spielbestandteil Leben, in all seinen Ausprägungen, letztlich nur ein entscheidender Teil, der uns Geistwesen geltenden Falle ist, die uns in diesem Universum festhält, sollte er uns dennoch heilig sein.

Die relativ tiefe Ebene der Lebewesen ist zwar unser, im Spielgeschehen fortgeschrittener und noch weiter fortschreitender, Untergang, trotzdem:
Gerade und ausgerechnet der Bereich der Lebewesen ist unmittelbar verwandt mit dem übergeordnet Göttlichen.

In jedem auch noch so kleinen Teil der lebendigen Welt offenbart sich Göttliches. Leben ist durch und durch von Göttlichem durchdrungen. Schließlich hat der 13te Konstrukteur seine Aspekte vollständig in das Lebendige integriert. Sein Dasein erfüllt sich im Bereich der Lebewesen.

Die Lebensenergie wird als Prana, Chi, Qi, Ki oder Gi, Odem, Orgon oder élan vital bezeichnet. Diese Energie des Lebens, Anteile von uns, dem Selbst, dem TAO, ist damit entscheidend als Basis für Leben.
Die Lebensenergie wird direkt vom Geistigen initiiert. Ohne diese lebenspendende Energie gibt es keinerlei Bewegung im Organischen. Denn, sobald die Beweglichkeit aufhört, tritt unmittelbar das Leiden, das Sterben und schließlich der Tod ein, als das Ende des körperlichen Lebens.

Hier eröffnen sich Fragen von besonderer Wichtigkeit: Welche Art des Geistigen ist gemeint, wenn Bakterien, Einzeller oder jede einzelne Zelle in Zellstaaten sich lebendig gebärden? Wie unterscheidet sich dadurch Leben von toter Materie?
Hier die gängige Theorie: Im Laufe von Jahrmilliarden entwickelten sich, durch die so genannte biologische Evolution, aus einigen vergleichsweise einfachen Lebensformen immer komplexere Lebewesen.

Leben definiert sich dabei mit wesentlichen Merkmalen folgendermaßen:

1) Stoff-
2) Energie- und
3) Informationsaustausch
   mit der Umgebung, sowohl
4) Reaktion auf Veränderungen
   der Umwelt als auch
5) Fortpflanzung und
6) Wachstum.

Von jeher ist das Feuer ein Symbol für Leben. Tatsächlich besteht eine interessante, weitgehende Analogie zwischen Flammen und Lebewesen:

> Feuer hat eine Art „Stoffwechsel": Kohlenwasserstoff- oder andere brennbare Verbindungen werden zu Kohlendioxid und Wasser oxidiert, wobei die chemische Bindungsenergie in Strahlung (Wärme, Licht) umgewandelt und abgegeben wird.
> Es wächst und pflanzt sich fort, solange es entsprechend genährt wird.
> Es bildet ein Fließgleichgewicht zwischen Nahrungsaufnahme und Abgabe der Endprodukte bei ständiger Erneuerung der Körpersubstanz.
> Es reagiert auf äußere Einflüsse.

Da beispielsweise im Buddhismus, in seiner Lehre (Anatta oder Anatman = Nicht-Selbst sein), die Existenz einer Seele verneint wird, bedient er sich bei der Erklärung der Reinkarnation des Vergleichs mit dem ewigen Feuer, das vom Verstorbenen als Impuls auf den Wiedergeborenen übergehen soll.

Ich persönlich kann mich dieser Betrachtungsweise nicht ganz anschließen.
TAO ist für mich die Seele, die Person selbst, das steuernde Element allen Lebens und vieler weiterer Vorgänge im Geschehen. Die Fleischkörper haben definitiv ein „Eigenleben" mit eigenen körperlich und auch geistig wirksamen Kräften zur Selbstheilung und einem starken, innewohnenden Trieb zur Selbsterhaltung (aufrecht erhalten vom 13ten Konstrukteur).
Auch, wenn die Existenz der Seele für mich außer Zweifel steht, leben Körpereinheiten für sich selbst weiter, sobald der Steuermann, TAO, kurze Zeit gewissermaßen „abwesend" ist.
Dies wird deutlich erfahrbar bei Bewusstlosigkeit und unter Narkose.
Menschen mit Nahtod-Erfahrung haben sich, als das beseelende Element, von ihren Körpern entfernt. Sie konnten dennoch, von außerhalb, genau zusehen was geschah.

Die Göttliche Essenz des Lebensspenders, als entsprechende Energie, die sich aus dem ursprünglich Geistigen ergießt, erhält Körper lebendig.

Diese Kraft ist auch wirksam, wenn wir selbst uns nicht einmischen.

Die Kohlenstoff-Einheiten der Körperaspekte, die wir benutzen oder die uns beherbergen, streben zu ihrem Fortbestand nach Lustbefriedigung.

Insbesondere dadurch funktioniert die Fortpflanzung auch im Kampf ums Überleben. Sogar in der vom Kampfgeschehen geprägten Situation, entwickeln sie einen überaus starken Trieb sowohl zur Selbsterhaltung als auch zur Erhaltung der Art.

Aus diesem Grunde genügt es tatsächlich manchmal schon, einfach die Selbstheilungskräfte anzustoßen, um Heilung zu realisieren. Selbst bei schwerwiegenden Krankheitsbildern, hilft sich so manches Mal der Regulator, der für das Überleben zuständig ist, besser als jeder Arzt.

Es kann zeitweilig sogar geschehen, dass der Körper die Führung über Abläufe im Leben übernimmt.

Insbesondere dann, wenn sich die Person selbst durch Drogen aus dem Körper gekickt hat oder eine Krankheit übermächtig geworden ist.

Dann liegen die Denkvorgänge lahm, sowohl die des Verstandes als auch die der Seele. Das Menschwesen wird dabei „krank" oder einfach müde, muss seinem Körper Ruhe gönnen, um im Genesungsprozess wieder Kraft gewinnen zu können.

Auch bei der Ernährung ist es ungeheuer wichtig, darauf zu hören, was einem die Lebenseinheit zuflüstert oder wonach sie gerade besonderen Appetit entwickelt.

Leider beherrschen die Trickser einer so genannten Lebensmittel-Industrie so manchen Winkelzug, um uns in Verwirrung zu setzen oder ganz in die Irre zu führen.

Bei fortgeschrittener Verantwortungslosigkeit der Geistperson zu seinen Spielebenen, übernimmt das Leben selbst manchmal die Führung. Dann heißt es sprichwörtlich: Wer dies oder jenes tut oder nicht tut „... den bestraft das Leben." - nicht nur das Geschehen im Leben, sondern tatsächlich die Lebenskraft.

Mit dem Bereich Lebewesen ist also mehr gemeint als ausschließlich dieses krabbelnde, viel-, vier- oder zweifüssige oder ohne Füße, sich laufend, schlängelnd, schwimmend oder fliegend fortbewegende, zu mehr oder weniger großartigen Zellstrukturen oder Zellverbänden beziehungsweise Zellstaaten zusammengeschlossene Organische.

Das dynamische Leben der Wesen, der Lebewesen, ist der Überbegriff zu einer nach außen offenen, sehr expansiv angelegten Entwicklung im großen Rund des Universum.

Deshalb sind Wissenschaftler auch so versessen darauf, Lebensspuren auf anderen Planeten zu finden, weil sie innerlich davon überzeugt sind, aus ihrem eigenen Leben-Sein heraus, dass nicht nur der Planet Erde zum Träger von Leben geworden sein kann. Sie suchen und werden sicherlich fündig werden, weil Leben immer auch zu sich selbst strebt, um dem eigenen Erhalt zu dienen.

Die Spielebene der Lebewesen ist geprägt vom Überleben = Leben über Leben. Damit ist immer auch ein Überlebens-Kampf angesagt: Fressen und/oder gefressen werden.
Wie wir heute wissen, hat sich Leben unter Anwendung dieser Prämisse sogar in extrem unwirtlichen Gegenden erfolgreich angesiedelt. Hitze oder Kälte, Trockenheit oder Wasser und ... haben das Leben weder schrecken noch abhalten können zu entstehen.
Die oberste Forderung im und zum sowie vom Leben heißt daher:

„Überlebe!"

In dieser Spielebene ist dem Stärkeren jeder Schwächere entweder zur Nahrung oder zum Schutz überantwortet.

Es gibt hierbei immer einen Kreislauf von Werden und Vergehen. Leben und Tod bedingen einander.

Das „Rad des Lebens" besteht aus:

1) Gezeugt und geboren werden
2) im Leben überleben, es leben und erleben
3) das Leben verlieren, beim fortschreitenden Prozess der Alterung, in einem fortwährenden Sterben, bei Krankheit, einem Unfall, durch Mord oder einem Kriegsgeschehen
4) beim Tod bereit sein für den Neuanfang.

Davon ist auch der menschliche Körper nicht ausgenommen.

Erst, wenn wir akzeptieren können, dass dies unabdingbar zur Welt der Lebewesen gehört, können wir uns, ohne einen Verlust zu erleiden, nach dem Tode wieder leicht von unseren Körpern lösen.

Das Menschsein hat nur einen geringen Anteil an der Vielfalt des Lebens und seinem geistigen Volumen.

Obwohl wir meist, nachdem wir unseren Körper verlassen haben, wieder in das menschliche Dasein eintreten, kann es doch vorkommen, dass wir uns einem Tier zuwenden und dort wieder geboren werden.

Dies hat jedoch nichts mit einer vom Karma geprägten Notwendigkeit zu tun.

Ich habe in einer Spirituellen Rückführung erlebt, dass eine Frau als Katze wiedergeboren wurde, einzig deshalb, weil sie Katzen liebte und ihr die Lebendigkeit der kleinen Wesen besonders gefiel.

Ein anderes Mal durchlief jemand das Erlebnis eines alten Indianers, der sich nach seinem Tode einem Adler, dem Totem-Tier seines Stammes, zuwandte und fortan „beschwingt" weiterlebte.

Auch, wenn ein Mensch von einem Tier gefressen wird, kann TAO für kurze Zeit dieses Lebewesen weiter bewohnen.

Es hat sich, im Laufe verschiedener Spiritueller Rückführungen, heraus kristallisiert, dass ganze Tier-Kollektive von nur einem einzigen, hierfür verantwortlichen Geistwesen kontrolliert und gesteuert werden. Beste Beispiele sind Ameisenhaufen, Termiten- oder Bienenstöcke.

Ein übergeordneter Geist, kümmert sich um den gesamten Staat.

Selbst Hunde, Katzen oder Pferde sind zumeist nicht einzeln beseelt.

Es sind Geistige Wesenheiten, die, von einem Menschen ausgehend, den speziellen Tiergattungen besonders verbunden sind. Solche Leute werden im modernen Sprachgebrauch als ...-Flüsterer bezeichnet.

Anders herum kann es geschehen, dass eine Person, die sich in Europa schon nicht besonders mit Hunden verstand, auch in Australien auf die ähnlichen oder gleichen Probleme stößt.

Als die so genannte „Krone der Schöpfung" haben wir alle miteinander, Menschen wie Geistige Wesen, die Verpflichtung die gesamte Tier- und Pflanzenwelt zu schützen. Wir sollen uns zwar „die Erde und alles Leben untertan machen!", wie es in der Bibel gefordert wird. Der Herrscher ist aber immer mitverantwortlich, für alle seine Untertanen.

Dieser Schutz dient ja nicht nur einem ökologischen oder humanitären Selbstzweck, sondern auch der Erhaltung von uns selbst. Schließlich brauchen wir, die vorgeblich Herrschenden, zum eigenen Überleben entsprechendes Leben. Und sei es als Lebensmittel, in einem guten Zustand und in ausreichender Menge.

Nirgendwo steht geschrieben: „Betreibe überall Raubbau und zerstöre damit die Grundlagen für alles Leben!"

Im Gegenteil: Wir Menschen sollen, aus der eigenen Vernunft geboren, allen Lebewesen dienlich sein. Nur auf diese Art und Weise schützen wir die Vielfalt des Lebens, auf unserem Planeten sowie im Kosmos.

Landbau, Gartenbau und Tierschutz, Hege und Pflege von Pflanzen und Tieren sind unsere Mittel und Wege zur Erhaltung und Nutzung der Ressourcen des Lebens dieser Erde und darüber hinaus.

Ebene 6

Die Ebene des physikalischen Universum

Im Bereich dieser Spielebene üben wir uns im Umgang mit Materie, Energie, Raum und auch mit Zeit.

Wir geben all den, von uns jemals erst erdachten und schließlich auch materialisierten, Bestandteilen des Universum, auf den von uns selbst geschaffenen, physikalischen Basisdaten, wie für Dimensionen, Formen, Gesetzmäßigkeiten und Abläufe und dergleichen.

Wir stimmen letztendlich miteinander darin überein und bilden dazu die passenden Schwingungsqualitäten aus.

In dem von uns allen gemeinsam geschaffenen Kosmos, der quasi ewigen, bipolaren Gegensätze, entwickelten wir die Anziehungs- und die Abstossungskräfte, die Gegenpole, zwei Seiten einer Medaille.

Bereits hier legten wir erste Grundlagen für die im Bereich der Lebewesen entstehenden und bei den Gruppen ausgeprägten Qualitäten: Liebe und Hass.

Zwölf Spielgeister, die Konstrukteure der „ersten Stunde", waren damit beschäftigt zu erschaffen, wieder zu zerstören und per Versuch und Irrtum erneut zu erschaffen. Wie von Kindern im Sandkasten wurde ausprobiert und verworfen.
Wir haben das Geschaffene anderen gezeigt, mit diesen übereingestimmt oder auch nicht. Dann haben wir vieles, vieles abermals kreiert, um es einfach nochmals zu verwerfen und neuerlich kaputt zu machen ... und so fort.

Durch diese ersten Geistwesen erhielt das Spielfeld: „Universum", über deren Aktivitäten beim Umgang mit der Ur-Energie auch ausgedehnten Raum.

Das Spielgeschehen im und mit dem Chaos war so faszinierend und für uns geradezu perfekt angelegt, dass wir den Umgang damit als völlig normal ansahen.

Es entstanden, über eine lange, lange Distanz hinweg, von Zeit konnte noch nicht die Rede sein, Formen, Farben, Tiefen, Größen, Ordnungen der ersten, zweiten und dritten Dimension.

Gesetzmäßigkeiten und vieles, vieles mehr, was wir eben meinten, dass es zu einem Spiel dazu gehören sollte, wurde von den ersten Zwölf und den darauf folgenden Helfern und „Rettern" erschaffen.

Das physikalische Universum heutiger Prägung hat auf diese Art und Weise vier entscheidende Bestandteile erhalten: Materie, Energie, Raum und im Nachzug die messbare Zeit (als Erbe der „Technos").

Über dieses physikalische Universum haben sich in der fernen und der nahen Vergangenheit viele Spezialisten bereits umfassend ausgelassen.

Dennoch will ich hier noch ein paar andere Gedanken und mögliche Fakten einbringen die vielleicht nicht überall zu finden sind und ein wenig aus dem Rahmen fallen.

Materie:

Materie (von lateinisch materia = Stoff, Thema, Bauholz, Ursache) ist die Bezeichnung für den ursächlichen Grundstoff, aus dem alle Dinge der Welt bestehen, unabhängig von ihrer Erscheinungsform.

Das Wort ist verwandt mit „mater", sowohl im Griechischen als auch im Lateinischen die Bezeichnung für „Mutter".
Daraus entstand in etlichen Mysterien vermutlich die Vorstellung einer Urmutter oder Muttergöttin aus der dann, über das Materielle hinaus, auch alles Leben entstanden sein soll (tatsächlich auch ist).

Spirituelle Rückführungen haben gezeigt: Die vielfältige Welt der Minerale geht ebenso auf diese „Muttergottheit" zurück.
Zudem haben Materie, Mater und „Matrix", lateinisch für „Gebärmutter", eigentlich „Muttertier", oder eingedeutscht „Matrize", nicht von ungefähr den gleichen Wortstamm.

In der Gebärmutter dieses Muttertieres wächst gewissermaßen all das heran, was letztlich zum Kosmos dazu gehören soll.

Die so entstandene Urform gilt sodann als Vorlage für alle weiteren „Erzeugnisse".

Alles was unseren zumindest fünf Sinnen einen gewissen Widerstand entgegen bringt wird als Materie bezeichnet, was wir anfassen, fühlen, sehen, hören, schmekken, riechen können.

Diese, der Materie zugeordnete, Beständigkeit ist das immer und überall wiederkehrende Merkmal.

Die moderne Physik nennt Materie alles, was aus elementaren Teilchen aufgebaut ist.
Früher waren es nur die Atome, doch im Standardmodell der modernen Teilchenphysik sind das neuerdings die Quarks und die Elektronen.
Der Atomkern, aus Protonen und Neutronen, besteht hierbei aus den Quarks (linkshändige und rechtshändige) und bildet mit den Elektronen die Atome, welche sich wiederum zu Molekülen zusammenfinden können.

Verschiedenartige Eigenschaften des Materiellen kommen so durch die unterschiedlichen Elemente zustande, aus denen sie bestehen.
Andererseits bestimmen sich Eigenschaften durch die Anordnung von Materieteilchen, die den Gesetzen der Symmetrie folgt.

Ein offensichtliches Beispiel dafür sind die Facetten in Kristallen, die aus sich räumlich immerfort wiederholenden geometrischen Strukturen bestehen.

Die vier Grundkräfte, die eine aus den Materieteilchen gestaltete Welt zusammenhalten, sind:

A) Die elektromagnetische Kraft der Protonen,
B) die starke Kernkraft und
C) die schwache Kernkraft sowie
D) die Schwerkraft, die Gravitation.

Die starke Kernkraft oder starke Wechselwirkung ist 100 mal stärker als die elektromagnetische, positiv gepolte Protonenkraft.

Sie wirkt dieser unmittelbar entgegen, damit Atome nicht einfach auseinanderfliegen.

Diese besondere Kraft bindet wiederum die Quarks aneinander.

Die schwache Kernkraft ist die schwache Wechselwirkung der Quarks innerhalb von Neutronen und Protonen.

Durch diese Kraft werden die so genannten linkshändigen Quarks zu rechtshändigen Anti-Quarks.

Entscheidende Bedeutung hat diese schwache Wechselwirkung durch ihre Rolle bei der Fusion von Wasserstoff zu Helium in der Sonne, da allein durch sie die Umwandlung von Protonen in Neutronen möglich ist.

Aus diesem Prozess bezieht die Sonne ihre Energie.

Die Gravitation (lateinisch gravitas = Schwere) bewirkt die gegenseitige Anziehung von Massen.
Die Gravitation besitzt unbegrenzte Reichweite und sie lässt sich nicht abschirmen.

Auf der Erde bewirkt die Gravitation, dass alle Körper nach unten fallen, sofern sie nicht durch andere Kräfte daran gehindert werden.

Im Sonnensystem ist sie mitbestimmend für die Bahnen der Planeten, Monde und Asteroiden. Aus ihrer Wirkungsweise er-gibt sich die Form von Galaxien.
In der Kosmologie bestimmt sie die gesamte Entwicklung des Universum.

In der allgemeinen Relativitätstheorie wird Gravitation als Krümmung der Raumzeit gedeutet.

Alle materiellen Körper besitzen als spezifische Eigenschaften: Masse, Raumbedarf (Volumen), Struktur und eine innewohnende Wärmeenergie (die thermische Energie).

Um alles noch vereinfachter auszudrükken:

> Materie ist eine Gruppe von Energiepartikeln, die
> in relativ stabilem Verhältnis zueinander in Position sind.

Nicht unerwähnt bleiben soll etwas, von der Physik noch Ungeklärtes:

Die dunkle Materie. Die Natur der dunklen Materie! Sie ist eine der wichtigsten offenen Fragen der Kosmologie.

Dunkle Materie bezeichnet eine Art von Materie unbekannter Natur, die mathematisch eingeführt wurde, um durch ihre Masse die seltsamen gravitatorischen Wirkungen und Ungereimtheiten zu erklären, die aufgrund der Beobachtung von sichtbarer Materie errechnet wurden.

Einen Hinweis auf ihre Existenz liefert die Messung der Geschwindigkeit, mit der sichtbare Sterne das Zentrum von Galaxien umkreisen.

In den Außenbereichen der Galaxien ist die Geschwindigkeit deutlich höher, als man es allein auf Grund der Gravitation, der in Form von Sternen sichtbaren Materie, erwarten würde.

Energie:

Früher wurde versucht, Energie allein mit dem Kraftbegriff zu definieren und man gelangte zu Begriffen wie „lebendige Kraft" und „Erhaltung der Kraft".

Dies ist physikalisch noch zu unvollständig, kann dies doch nur für mechanische Energie angewandt werden.
Bei anderen Energieformen (Strahlungsenergie, thermische, chemische, etc. Energie) ist die Definition der Energie über den Kraftbegriff sinnlos.

Eine ebenfalls noch immer verbreitete aber ebenso veraltete Definition für die Energie, charakterisiert sie als: „Fähigkeit eines Systems, Arbeit zu verrichten."

Die Fähigkeit eines Systems Arbeit zu leisten ist maßgeblich davon abhängig, welche Änderungen eines Zustands es ermöglicht, da die Arbeitsleistung als Prozessgröße von der Art der Zustandsänderung abhängt.

Je nach den Beziehungen zu anderen Größen in einem gegebenen System werden verschiedene Energieformen unterschieden.

So zum Beispiel die kinetische Energie. Sie steht im Zusammenhang mit der Masse m und der Geschwindigkeit v.

Im Kontext der Thermodynamik sind einige Energieformen, wie die innere Energie der Materie, thermodynamische Zustandsgrößen.
Sie beschreiben den momentanen Zustand eines thermodynamischen Systems.

Als diese „innere Energie" bezeichnet man den in einem Medium gebundenen Energiebetrag.
Die innere Energie ist der Energiegehalt einer Materiemenge, der über ihre geordnete kinetische Energie und die potentielle Energie des Schwerpunktes hinausgeht.
Sie ergibt sich aus den inneren Eigenschaften eines Systems sowie teilweise auch unter dipolarer Wechselwirkung mit äußeren Feldern.

Wie erwähnt, sind in Unterscheidung dazu andere Energieformen, wie eben die verrichtete Arbeit, Prozessgrößen welche die Änderungen der Zustände beschreiben.

Die Gesamtenergie eines in sich abgeschlossenen Systems ist eine Erhaltungsgröße.

Der „Satz von der Erhaltung der Energie" ist eine der zentralen Grundlagen der Physik und sorgt dafür, dass die Energie für alle Gebiete der Physik eine maßgebliche Größe ist.

Ähnlich wie bei dunkler Materie, haben Wissenschaftler festgestellt:

Es gibt einen ungeheuren Überschuss an Energie im Universum, die keiner, weder sichtbarer noch dunkler, Materie zugeordnet werden kann.

Der Begriff wurde 1998 von Michael S. Turner geprägt. Die dunkle Energie wurde von ihm als eine Verallgemeinerung der kosmologischen Konstanten eingeführt, um die beobachtete beschleunigte Expansion des Universums zu erklären.

Als dunkle Energie wird seitdem in der Kosmologie eine hypothetische Form der Energie bezeichnet.

Über deren genaue Natur kann derzeit nur spekuliert werden. Die einfachste Lösung ist, einen geeigneten Wert einer kosmologischen Konstanten zu postulieren und als gegebene und grundlegende Eigenschaft des Universums hinzunehmen.

In den Modellen besteht das Universum zum gegenwärtigen Zeitpunkt, ca. 13,7 Milliarden Jahre nach dem „Urknall", zu 68,3 % aus dunkler Energie, zu 26,8 % aus dunkler Materie und nur zu 4,9 % aus der sichtbaren Materie.

Die physikalische Interpretation der dunklen Energie ist weitgehend ungeklärt und ihre Existenz ist experimentell nicht nachgewiesen.
Die physikalischen Eigenschaften der dunklen Energie lassen sich allerdings durch großräumige Kartierung der Strukturen im Universum, beispielsweise die Verteilung von Galaxien und Galaxienhaufen untersuchen.

Vom Standpunkt Geistiger Wesen betrachtet, ist jegliche Art an Energie jedoch einfach eine potentielle Bewegung oder eine Kraft mit postulierten Partikeln im Raum. So definiert sich auch die dunkle Energie und die Energie des Lebens.

Die ursprüngliche, reine, geistig zu nennende Energie, mit der wir Geistwesen das Spielfeld eröffnet und gestaltet haben, ist mittlerweile immer mehr zu einem unreinen bis „schmutzigen", in Materie übergegangenen, Bestandteil des Universum geworden.

Die Energie der Gedanken lässt noch erahnen, mit welch hohem Gehalt wir eigentlich umgehen könnten.

Gedankenkraft kann nämlich nicht nur entsprechend dem Sprichwort Berge versetzen, sondern tatsächlich.

Raum:

Raum ist nicht Nichts. Raum ist der Gesichtspunkt zu Dimensionen.
Raum ist: Wie weit vermögen wir, von einem Standpunkt aus, zu schauen.

In unserem dreidimensionalen Universum - es mag auch Konstrukte mit weniger oder mehr Dimensionen geben - stellt sich der Raum als Länge mal Tiefe/Breite mal Höhe dar.

Dabei ist jede dieser „Teile" immer gerade eine Dimension.

Bei der Betrachtung der ersten Dimension handelt es sich entweder um die Länge oder um die Tiefe/Breite oder um die Höhe, also immer um nur eine Linie.

Hierbei kann man auch von der Entfernung zwischen je zwei Punkten sprechen.

Weder zwei parallele Linien, obwohl von ihnen behauptet wird, dass sie sich in der Unendlichkeit schneiden, noch zwei sich kreuzende Linien bilden eine Fläche, damit keine zweite Dimension.

Um eine zweite Dimension zu erhalten, brauchen wir zumindest zwei aufeinander treffende Endpunkte einer Linie. Ohne Eckpunkte können wir so eine Fläche konstruieren.

Wir müssen eine einzige Länge nur entsprechend krümmen und am Ende sauber verbinden. Daraus entsteht dann entweder ein Kreis, eine Ellipse oder etwas ähnlich Rundes.

Auch zwei zueinander gekrümmte, sich schneidende oder fließend ineinander übergehende Linien bilden eine Fläche. Die so dazwischen liegende Formation einer Fläche bildet die zweite Dimension.

Noch mehr solcher Längen gruppieren sich geometrisch zu Dreiecken, Vierecken, Fünfecken und so weiter.

Den für unser universelles Spielfeld gewünschten Raum erhalten wir durch das Hinzufügen von weiteren Punkten über die Dimension von Ebenen hinaus.

Hierzu bedarf es der Fähigkeit sich von der Linienstruktur der Ebene zu lösen, einfach darüber zu stehen.

Wir haben solche Ebenen entweder zu- oder übereinander angeordnet oder sie ineinander verwunden und verdreht.

Zwischen den Ebenen konstruiert sich dann Raum, wie derjenige, in dem wir uns täglich bewegen.

Dieser Raum ermöglicht es allen Energieformen, speziell in der Art und Weise von materiellen Objekten, eine Ausdehnung zu haben.

Er selbst existiert als grundlegendes Ordnungsmodell, jedoch nur in Relation zu den Objekten oder den Energieformen.
Alle physikalischen Vorgänge spielen sich in „Raum" ab.
Er ist somit eine Art „Behälter" für Materie und für Felder.

Mehr als diese drei Dimensionen unserem kosmischen Konstrukt zuordnen zu wollen, ist nicht wahr und bringt nur unnötige Verwirrung ins Spiel.

Wir, die geistigen TAO-Wesen, können hierin allerdings Sphären gestalten, den Raum krümmen und Ebenen so fügen, dass nicht jedermann sofort Zutritt dazu hat.

Die Vorstellungsweisen von gekrümmtem sowie gefaltetem Raum haben, seit Albert Einstein, auch in die Wissenschaft Eingang gefunden.

Vielerlei Spirituelle Rückführungen haben eindeutig gezeigt, dass sich selbst Himmel und Hölle, der Hades oder die ewigen Jagdgründe sowie andere geistig geschaffene Welten ausschließlich im dreidimensionalen Raum, dem Konstrukt unseres Universum, abspielen.

Zeit:

Die Zeit ist einfach ein Postulat, dass Raum und Partikel fortbestehen werden.

Das Universum würde vermutlich entweder erstarren oder sich ganz und gar auflösen, wenn wir uns noch heute entschließen würden dieses Postulat zu widerrufen.

Die Zeit definiert sich nämlich im von uns geschaffenen, physikalischen Universum aus der:

„Bewegung von Materie und/oder Energie im Raum" oder einfacher:

„Bewegung im Raum" - nicht mehr und nicht weniger.

Das Phänomen Zeit ist keineswegs eine weitere Dimension oder irgend etwas Geheimnisvolles das keiner so richtig versteht.

Schau Dich einfach nur um. Du wirst eindeutig erkennen, wenn sich nichts bewegen würde, könnte keine Zeit ablaufen, keine Zeit vergehen.

Erst diese Bewegung, die Beweglichkeit, macht Zeit zu etwas wahrhaft existentem.

Wir können beispielsweise das Wachstum der meisten Kristalle nicht sehen. Dadurch erscheint uns Gestein ewig und zeitlos.

Bewegung im Raum, also Zeit, ist eine Grundvoraussetzung, die Basis für den Bestand des physikalischen Universum, wie wir es kennen.

Ursprünglich hatten die 12 + 1 Konstrukteure des anfänglichen Spielfeldes übrigens noch „alle Zeit der Welt".

Das heißt: Es gab einfach keinen besonderen Begriff für diese Art und Weise der Bewegung im Raum.

Erst, nachdem der Übergriff durch die Invasoren aus dem technischen Universum erfolgt war, wir „später" wieder selbstbestimmt sein konnten, wurde auch Zeit zu einem stehenden Begriff im Geschehen.

Seitdem stimmen wir, wie die „Technos" es auch betrieben hatten, darin überein, dass Zeit einen Ablauf hat.

Dieser kollektiv, ehedem in gemeinsamer Übereinstimmung geschaffene, Zeitablauf ist auch bestimmend für die individuelle Zeit.

Die kollektive Zeit ist der individuellen Zeit gewissermaßen übergeordnet. Daher sind wir in der Zeit wie in einem Netzwerk verbunden.

Ohne diese Gemeinsamkeit, die aus der Vergangenheit heraus wirkt, gibt es offenbar auch keine gemeinsame Gegenwart, geschweige denn eine Zukunft.

So gestalten wir gemeinschaftlich Historie und Geschichte, mit entsprechenden Erinnerungen.

Im Ablauf von Vergangenheit, Gegenwart und Zukunft werden Täter und Opfer, Verlierer und Gewinner eng zusammengeschweißt.
Das Netz der Zeit spannt sich sehr straff über alle Beteiligten.

Das, uns alle im Geistigen prägende, Zeitbewusstsein wirkt verbindend.

Es stabilisiert uns allerdings auch, individuell sowie kollektiv, in der Gegenwart, im Hier und Jetzt.

Im Laufe der jahrzehntelangen Durchführung Spiritueller Rückführungen habe ich mich von der Vorstellung lösen müssen, dass die Zeit sich lediglich geradlinig darstellt.

Zu häufig musste ich feststellen, dass insbesondere die individuelle Zeit, bei den meisten meiner Ratsuchenden, eher einem wirren Wollknäuel als einem straff gespannten Faden gleicht.

Um brauchbare Ergebnisse sowie klare Zusammenhänge zu erhalten, waren wir gemeinsam erst einmal damit beschäftigt, dieses Wirrwarr zu bereinigen.

Die Vergangenheit liegt nicht ruhig da, wo sie hingehört, nicht in weiter Ferne.
Ihr Einfluss kann sich auch ganz knapp unter der Oberfläche einer ganz persönlichen Gegenwart abspielen.

So kann ich es mir auch erklären, wenn Ereignisse der Vergangenheit zur Gegenwart herein durchschlagen und das Jetzt sowie die Zukunft einer Person maßgeblich mitbestimmen.

Erst das Entwirren eines solchen Knäuels von Geschehnissen, die zum bewussten Sein gebrachte Erkenntnis, bringt Erleichterung.

Energetische geladene Dramatisationen müssen entladen und ordentlich in der, mehr oder weniger weit zurückliegenden, Vergangenheit abgelegt werden, auf einem relativ klar definierbaren Zeitstrahl.
Nur dies hebt deren Einfluss auf die Person im Hier und Jetzt auf.

In der Spielebene des Physikalischen bleibt es uns nicht erspart, daran zu arbeiten, dass die Dinge in Ordnung bleiben oder erst wieder in Ordnung kommen.
Die vom Wunschdenken getragene Ordnung in unserem Universum, mit der wir irgendwie übereingestimmt haben, dient als Richtlinie, um unser aller Leben im Spielgeschehen zumindest vorübergehend, wie lang auch immer, zu gewährleisten.

Das von uns allen kreierte Chaos, ist nicht so neu für Geistige Wesen. Wir haben nämlich schon öfter mit der ästhetischen Umgestaltung des Universum gespielt.
Der letzte Urknall, der „big-bang", war keineswegs der erste.
Allerdings haben wir nicht immer alles mit einem Knall begonnen.

Wir waren wohl noch nie sehr ordentlich.

In den zyklischen Abläufen von:
　　Starten - Verändern – Stoppen
haben einige von uns ab und zu einfach vergessen ordentlich zu verändern und es damit auch unterlassen einen deutlich geregelten Stop zu setzen.

So finden sich auch heutzutage noch Reste aus früheren Machwerken im Komos.

Dies sind dann Phänomene im Universum, mit denen ordnungsliebende Wissenschaftler nicht zurechtkommen.
Sie pas-sen nicht in das Gefüge der sonst üblichen Naturgesetze.

Der annähernd geordnete Zustand von Materie, Energie, Raum und Zeit, sowohl im physikalischen Universum als auch im persönlichen, geistigen Kosmos, ebenso wie in unserer unmittelbaren Umgebung, zeigt auf, in welchem Zustande wir, TAO, uns gerade physisch sowie geistig befinden.

Bestimmend für uns Wesen in Bio- oder Fleischkörpern ist:

> > Die **Materie** womit wir unsere Körper gestalten und zu erhalten versuchen.

Dafür nehmen wir Nahrung im weitesten Sinne auf; vielfach sind es nur Ballast- und Füllstoffe.
> Die **Energie** des Lebens, die Vitalität, die wir entweder selbst innehaben oder auftanken müssen, um sie dann zu verwenden beziehungsweise zu verschwenden.
Aus unserem Umgang mit dem Energiehaushalt ergibt sich dann der mehr oder weniger hohe Energiegehalt zum Leben.
> Der **Raum** den wir einnehmen sowie die Dinge mit denen wir uns umgeben.
Die Zustände des Körpers, unserer Kleidung, der Wohnumgebung oder unseres Fahrzeuges sagen sehr viel über uns aus.
> Die **Zeit** und deren Vorstellung davon, mit sowie in der wir leben, die wir uns einteilen oder einfach nur gönnen. Besonders über unseren geistigen Status sagt „Zeitbewusstsein", die Fähigkeit zu planen, Prioritäten zu setzen sowie die Zeit sinnvoll einzuteilen, ungeheuer viel aus. Menschen die sich keine Ruhe gönnen, die sich gehetzt fühlen und ausbrennen, denen die Geduld fehlt, fehlt eindeutig auch das bewusste Sein im Hier und Jetzt.

Der menschliche Verstand ist hier allerdings mehr gefordert als das Geistige Wesen selbst. Aus dem mehr oder weniger planvollem Vorgehen des Verstandes kann man wiederum direkte Rückschlüsse auf dessen Funktionsfähigkeit und damit auf die Intelligenz von Menschen ziehen.

Der ethische sowie ästhetische Zustand von TAO, dem Geistigen Wesen, ist aus seinem verantwortungsbewussten Umgang mit den Bestandteilen des Universum erkennbar.

Wieviel Verantwortung ist eine Person bereit zu tragen? Für wie viele Spielebenen gleichzeitig setzt sich ein Wesen ein?

Ebene 7

Die Ebene von Geistigen Wesen

Diese Spielbasis haben wir als TAO, wir Selbst, rein Geistige Wesen, inne.

In diesem Zustand sind wir zu allem und jedem fähig, ob gut oder böse - wobei weder „Gut" noch „Böse" hier sowieso keine entscheidende Rolle spielen.

Freie Geistwesen, gewissermaßen Freigeister, sind die einzigen Geister in den Weiten des Universum.

Als TAO sind wir allerdings kein Bestandteil dieses Universum, das von physikalischen Strukturen durchdrungen ist. Wir befinden uns als Seele, als Person selbst, als „Ich bin" oder als Funke Gottes, außerhalb jeglicher physikalischer Gesetzmässigkeiten.

Selbstverständlich sind wir weder Materie noch Raum noch Zeit und wir sind auch keine Energie, wie wir sie vom Physikalischen her kennen.

Hier müssen wir uns ganz deutlich davon distanzieren, denn gerade zum Energetischen will man uns sowohl spirituell, religiös als auch esoterisch gerne dazu rechnen.

Energetische Erscheinungen sind lediglich Art und Weisen wie TAO im Universum auftritt, gegebenenfalls in der Form von solchen erscheint oder damit umgeht.

Was wir derzeit als Energie kennen, ist einfach nur dem sehr ähnlich, was wir als „Baumaterial" für alle Inhalte und Bestandteile des physikalischen Universum benutzt haben - die weitgehend geistige Qualität reinster, klarster Göttlicher Schwingung.

Also nochmals:

**Geistige Wesen sind
kein Bestandteil des physikalischen
Universum.**

Ab dem ersten Schritt, hin zur Individualisierung, eine Person zu Sein, nun abseits vom Göttlichen TAO, begannen wir erst Ur-Universen zu gestalten.

Dem weiteren Geschehen passten wir uns entsprechend an. Wir glichen in einem langen Prozess des Gestaltens und Werdens unsere Vorstellungen einander an und stimmten miteinander überein.

Nur so konnten wir Spielbedingungen entwerfen und etablieren, die bis heute lohnend gespielt werden.

Denn jedes Spiel, von dem wir schon im Voraus wissen würden wie es ausgeht, wäre von vorne weg völlig uninteressant.

Als Göttlich vollkommene Wesen unseres Ursprungs hätten wir jegliches Wissen zur Verfügung gehabt. Also mussten wir bei Spielbeginn etwas kreieren, das uns ein wenig unfähiger machte.

Wir vollzogen deshalb eine immer fernere Abspaltung vom Göttlichen Allwissen und erfanden: Das Vergessen.

Im ersten Stadium der Anwendung des vergessenen Wissensstandes erschufen zwölf von uns, die Konstrukteure der „ersten Stunde", mittels Versuch und Irrtum, die Dimensionen und die Gesetzmäßigkeiten eines physikalischen Universum.

Hierbei haben wir uns tatsächlich sehr intensiv mit dem vorherrschenden Chaos und seinen Bestandteilen identifiziert.

Nur so konnten wir geistig tief genug in die Zusammenhänge einsteigen, um sie letztlich kreativ gestalten zu können.

Wir waren ohne Zweifel, zumindest vorübergehend, gleichbedeutend mit energetischer Schwingung im Raum sowie den allerersten Anfängen von Materie, deren kleinsten Teilchen ebenso, wie mit den ersten Prototypen von Galaxien, Sonnen und Planeten.

Allerdings hatten wir noch die Möglichkeit, uns sowohl in die Thematik hinein als auch wieder aus ihr heraus zu bewegen.

Einige von uns sind in wesentlich späteren Phasen tatsächlich stecken geblieben.

Damit haben sie sich Ängste, Verluste, Schmerzen oder ähnliche Betrachtungsweisen zugezogen.

Wir, als Geistige TAO-Wesen, sind die Schöpfer des gesamten Weltalls.
Als solche haben wir uns, mehr oder weniger freiwillig, mit diesem Spiel identifiziert.

Die zwölf allerersten Konstrukteure, ebenso wie die nachfolgend verpflichteten Helfer, die sich selbst als „gefallene Engel" sehen, und die, von der „klebrigen" Schwärze des Universum eingefangenen, „Retter" haben das chaotische Spielgeschehen letztlich gemeinsam, ordentlich geregelt, es so zu einem spielbaren Miteinander in gegenseitige Übereinstimmung gebracht.

Die Spielbasis wurde von uns entweder in einem individuellen oder in einem zusammen ausgeführten, gemeinsamen Prozess des Erschaffens, wie in einem Sandkasten aufgebaut.
Im Grunde hat jedes Wesen für sich, erst einmal ein eigenständiges Universum geschaffen, wie ein Modell in geistiger Vorstellung.

Erst in der Übereinstimmung, verschiedener Teile mit den überlappenden Teilen der Anderen, entstand das physikalische Universum in seiner Urform.
Jeder von uns ist TAO, ein Geistiges Wesen in Verbindung mit dem Göttlichen TAO, eine durch und durch eigenständige Identität. Darunter versteht sich noch nicht die Lebensform in Verbindung mit Körpern, in denen wir heute glauben, uns wahrnehmen zu müssen.

Die Identität des wahrhaft Geistigen, definiert sich völlig ohne solche nachrangig geschaffenen Gerätschaften, Apparaturen oder Werkzeuge zur Handlungsfähigkeit im „realen" Physikalischen.

Erst im Verlauf der zunehmenden Individualisierung, zu einem geradezu krankhaften Individualismus, haben wir uns immer enger an, von uns selbst geschaffene, Aspekte und Körper jeglicher Ausprägung gebunden.
Vordem waren wir rein Geistig, aus heutiger Sicht ausschließlich körperlos.

Unsere immer noch entwickelbaren geistigen Ur-Kräfte würden, jetzt wie zu jener „Zeit", ausreichen, um sofort wieder handlungsfähig zu sein, auch ohne Körper.

Sehr, sehr oft verteilten wir uns im Laufe der Zeitalter als energetische Aspekte über die Weite des Universum.

Unsere Aufmerksamkeitsanteile streuten wir gezielt oder ungezielt in Raum und Zeit - kreuz und quer, auf unserem Weg durch das von uns inszenierte Erleben.

Als Individuen begingen wir jedoch die spielbedingte „Unsinnigkeit", uns zu verbinden.

Wir treten in Kontakt und verbinden uns außer mit den menschlichen oder dem Menschen weitgehend ähnlichen Körpern, sogar mit Tieren, Pflanzen, Materie oder Energie oder auch mit Räumen verschiedenster Art und Größe.

Aus diesem Drang heraus, uns in den physikalischen Kosmos einzumischen, kam die Konstruktion von Lebendigem.

Geschaffen wurde das Prinzip Leben von einem dreizehnten Konstrukteur, der zwar schon am Anfang dabei war, sich jedoch „vornehm beobachtend" zurück gehalten hat.

Er, sie oder es, sah sich selbst als großen Ordner im Chaos (irgendwie vermittelt diese Wesenheiten einen weiblichen Eindruck).

Das von „ihr" geschaffene Leben bestand aus Zellen und Zellverbänden, die uns ganz stark in ihren Bann zogen.
Leben war von Anfang an immer auch verbunden mit Geburt und Tod und einem Kampf ums Überleben.

Intensive Emotionen, negativ ebenso wie positiv, konnten nur in diesem Lebendigen brodeln.

Nachdem das Leben, im Erleben und Fühlen, dem Geistigen so ähnlich war, fiel es schon schwer, wenn ein irgendwie lieb gewonnener Körper, egal welcher Art und welcher Größenordnung, ein Opfer des Todes wurde.

Diese, zu Tode gekommenen, Körpereinheiten banden immer öfter und immer heftiger unsere Aufmerksamkeitsanteile.
Egal ob wir selbst die Ursache für deren Zerstörung waren oder, was noch mehr Verlustängste erzeugte, ob etwas Anderes oder jemand anders für deren Vernichtung verantwortlich war.

Ab dem Eintritt in die Welt des Lebendigen, hängen die im Laufe der Zeit verloren gegangenen Energien, noch immer intensiv in Kriegen, Unfällen oder in Situationen des Gefressenwerdens.

Als wir anderen Geistigen Wesen sogar selbst Körper als so genannte Menschen erschufen, die unserem eigenen, energetisch dargestellten Bilde entsprachen, war die Falle perfekt.
Der fortwährende tiefe Fall, hinein in den Kampf ums Überleben, war voraussehbar. Die Geistigen Wesen verbanden sich zunehmend stärker, sehr eng mit den Fleischkörpern der Menschheit.

Dies führte tatsächlich so weit, dass bis in das Hier und Heute eine fast hundertprozentige Identifikation stattfand. Wer derzeit stirbt oder erlebt wie andere Körper zugrunde gehen, wird von Verlust und Mitleid arg geschüttelt.

Am liebsten würden die Wesen heutzutage, dem oder den Vorausgegangenen in dessen Grab nachfolgen wollen.

Die verbreitet vorkommenden Ahnenkulte gestanden zu allen Zeiten und gestehen noch heute, den verstorbenen Vorfahren mehr Fähigkeiten und daran geknüpfte Vorrechte zu, als den noch Lebenden.

Daran mussten sich selbst herrschende Könige oder Kaiser und die hohe Priesterschaft halten.

Auch erscheint die Ruhe eines Friedhofs sowie die Grabesruhe, vielen Wesen als erstrebenswertes Gut.

Auf dem Weg, in die Fleischkörper hinein, waren wir Geistigen Wesen nicht untätig im Erschaffen weiterer Geister. Sie hatten und haben so lange Bestand, so lange wir denen unsere und diese den nachfolgenden, weiteren Wesenheiten Energie zuführten.

So sind wir selbst direkt verantwortlich für die Fähigkeiten und die Kraft jeglicher Arten von Götterwesen und Dämonen.

Entweder haben wir solche selbst dargestellt oder es wurden welche in Übereinstimmung erdacht, so genannt imaginiert.

Imaginieren heißt dabei: Wir brauchen uns nur ein Bildnis von etwas intensiv genug vorstellen, um es dann auch real werden zu lassen (im derzeitigen Zustand bedarf es noch eines gewissen Tuns, um Realitäten zu erschaffen). Mit den TAO-Fähigkeiten der hohen Geistigen Wesen von einst (die wir noch immer haben, die nur rehabilitiert werden müssen), ist allein der Gedanke schon ein Schöpfungsakt. Dies ist überaus realistisch und gar kein Problem.

Miteinander oder jeder für sich, schufen wir auf diese Art und Weise allerlei, sowohl geistige als auch körperliche Erscheinungsformen.

Jegliche Ausprägung der Wesenheiten ist von uns, als den Geistigen Wesen, kreiert worden:

Geister mit und ohne Körper, Drachen, Kobolde, Trolle, Zwerge, Wald- und Wiesengeister, Feen und Dämonen, Elfen, Elben und Vampire, die Götter vom Olymp und aus Walhall oder die der ewigen Jagdgründe mitsamt deren sagenhaftem Umfeld, manche Engel sowie Teufel sind alles unsere Kreationen, weitgehend Abbilder von uns selbst.

Jegliche Gestalt die wir uns auch heute immer noch vorstellen können, sind alles wir selbst in den unterschiedlichsten Darstellungen verschiedener Aspekte.

Selbst diejenigen die wir als „Gespenster" zu kennen glauben, sind nur Aspekte unseres Selbst, denen wir unsere Energie geben, damit sie über den Tod hinaus fortbestehen.

Gute Geister und böse Geister sind vom Ursprung her TAO, die gleichen Geistigen Wesen wie wir selbst.

Entsprechend unserem Vorbild agierten auch diese Anderen, die aus uns hervorgingen.

Durch die Schaffung von Spielsituationen im universellen Umfeld haben wir uns im Spielverhalten, mit einer Art von Gruppendynamik, der einen oder der anderen „Mannschaft" zugesellt.

Die Begriffe Mannschaft und Gruppe sind hier nicht wirklich angebracht, weil die besonders makanten Gruppenbildungen erst aus dem Bereich der Lebewesen heraus real wurden.

Ab und zu wechselten wir im Spielgeschehen die „Seiten", um entweder „besser" zu werden oder einfach zu erfahren wie es sich „anfühlt", vom anderen Lager aus zu spielen.

„Gut" sowie „Böse" sind aus der Betrachtung von damals heraus, sowieso nur zwei Seiten ein und derselben Medaille.

Sogar der „böse" Teufel, wie er speziell von Seiten der Gottesfürchtigen herauf beschworen wird, könnte mit den geeigneten Argumenten und entsprechenden Angeboten zum Guten hin bewegt werden.

Denn: TAO, wir Geistigen Wesen sind alle dem Grunde nach gut!

Wobei, wie angedeutet, weder Gut noch Böse unser Maßstab für das spielerische Sein im Universum sein sollte.

So wie wir die Schöpfer aller Teile und Naturgesetze unseres Universum sind, sind wir selbstverständlich auch die Schöpfer der dynamischen Welt des Geistes und der Geister.

Weil diese Geistwesen einmal aus uns heraus in die Welten hinaus getreten sind, können wir sie auch noch heute in unser Leben kommen lassen, wenn wir ihnen nur ständig genügend Aufmerksamkeitsanteile, also Energie, zukommen lassen.

Das gilt ebenso für das uns und der Welt als „Gut" erscheinende, wie für das so genannte „Böse".

Was diese, durch uns geschaffenen und wieder und wieder energetisch gestärkten, Wesenheiten letztlich bewirken, ist, wie bereits erwähnt, demzufolge grundsätzlich unsere eigene Verantwortung.

In Spielebene 7 besteht unsere „Pflicht" darin, uns als Selbst, als TAO oder eben das Geistiges Wesen, in Selbsterkenntnis wahrzunehmen, dies in die Selbstständigkeit umzusetzen und im Selbstbewusstsein wieder dazu zu finden.
Nur dadurch nähern wir uns ethisch dem Göttlichen TAO und damit der höchsten Verantwortung bei höchster Vernunft.

Jegliche Verleugnung unserer Geistigkeit im Sein wirft uns unweigerlich auf beziehungsweise unter die Spielebene 1 zurück. Geistig, seelische Erstarrung in Egoismus bis Egozentrik ist dann letztlich die Folge.

„Ach der Gott in uns ist immer einsam und arm. Wo findet er all seine Verwandten? Die einst da waren und da sein werden? Wann kommt das große Wiedersehen der Geister?
Denn einmal waren wir doch, wie ich glaube, alle beisammen?"

Friedrich Hölderlin, Hyperion

Ebene 8

Die Ebene des Göttlichen TAO

In enger Verbundenheit mit dem vereinigten Göttlichen TAO erleben wir ein Spiel der höchsten Klassifizierung. Wir sind dabei völlig losgelöst, von jeglicher (!!!) materiellen Befangenheit.

Unser klarer Zustand könnte auf dieser Ebene in dem herkömmlichen Sinne beispielsweise als **„Das reinste Licht"** oder **"Die höchste Liebe"** in ihrer energetisch absoluten Reinheit beschrieben werden.

Geist, im Sinne des Göttlichen TAO, ist um ein Vielfaches über dem, im „Späteren" individualisierten, Geistigen Wesen hinaus anzusehen.
Hier befinden wir uns in einem „fernen" Bereich, für den Worte versagen. Schweigen wäre die einzig mögliche Ausdrucksweise. Eigentlich dürfte ich hier kein weiteres dieser hohlen Begriffe und Aussagen mehr dafür verschwenden.

Dennoch versuche ich mich auch in diesem Zusammenhang, profan dem Göttlichen TAO ein wenig zu nähern.

Während Spiritueller Rückführungen gelingt es Ratsuchenden immer wieder einmal bis zu unser aller Ursprung vorzudringen.

Allerdings ist nicht jedem so ein Sprung möglich.

Zumeist übersteigt dieser Kontakt einfach sowieso die Vorstellungskraft derzeitiger Menschwesen.

Deshalb ist er erst möglich, wenn jemand in aller Klarheit erkannt hat und ohne Zweifel weiß, dass er selbst TAO, das Geistige Wesen, ist.

Das Göttliche TAO ist unzweifelhaft etwas weitaus „Höheres", sehr viel Umfassenderes als das, womit üblicherweise die Religionen der Planeten umgehen, auch die der irdischen Kirchen.

Das Göttliche TAO ist weder eine den Menschen ähnliche Götterfamilie noch eine Trinität, jene fiktiv angenommene Dreieinigkeit in Form von Gottvater, Gottsohn und Heiliger Geist, noch ein einzelner Gott. Es ist weder Er noch Sie und nicht einmal Es.

Wenn Wesenheiten aus Spirituellen Rückführungen heraus das Göttliche TAO zu beschreiben versuchen, kommen recht unterschiedliche bildhafte Eindrücke zustande.

Je nach persönlicher Vorstellungskraft, Phantasie oder der Fähigkeit gedanklich zu visualisieren, werden mehr oder weniger deutliche Ideen dargeboten und versucht sie in Worte zu kleiden.

Überwiegend wird der Göttlich zu nennende Ursprung als eine hell strahlende Sonne beschrieben. Dort wird ein Zusammenspiel klarer, blanker Energie wahrgenommen.

Die Begriffe des Universum physikalischer Art, wie Materie, Energie (die hier angewandte, niedere Form), Raum und Zeit (angeregt durch die „Technos"), haben jedoch in der „Nähe" des Göttlichen keine Bedeutung.

Eines tragen alle diese Bilder dennoch immer gemeinsam, ein unfühlbares „Gefühl" von friedvoller Verbundenheit in völliger Einheit. Im Ursprung des Göttlichen TAO waren wir noch nicht vereinzelt. Wir bildeten alle miteinander die Göttliche Einheit, in liebevoller Zusammengehörigkeit, ohne auch nur die leiseste Wahrnehmung von Trennung.

Dennoch ist dies nicht das im Buddhismus angenommene Nirwana, die völlige Auflösung des Seins zur Erlösung von allem Irdischen.

Das aus heutiger Sicht wahrnehmbare Paradoxon besteht darin: Wir, jeder von uns, sind in diesem wahrhaft Göttlichen Zustand ein deutlich spürbares, eigenständiges Selbst, allerdings ohne das Bedürfnis dieses tatsächlich zu vereinzeln.

Als das Göttliche TAO die 12+1 Konstrukteure, erwählte, waren sie darüber nicht so wirklich erfreut, aber auch nicht so widerspenstig wie die nachfolgenden Helfer, die „Gefallenen Engel", sowie die entsprechenden Retterwesen.
Deren Trauer- oder Grampotenzial war und ist um einiges intensiver, als das der Konstrukteure.

Glücklicherweise sind wir mit dem Göttlichen TAO auch heute noch sehr stark verbunden.
So lässt sich der energetisch aufgebaute Gramgehalt im Laufe Spiritueller Rückführungen wahrnehmen und tatsächlich erleichtern.

Das Göttliche TAO hat uns nicht wirklich im Spielgeschehen des Kosmos allein gelassen. Wir stehen unter ständiger „Beobachtung" und im immer noch bestehenden Kontakt. Das Ziel des Spielens besteht offenbar darin, dem Göttlichen TAO unser aktives Erleben zu übermitteln.

Gutes sowie Schlechtes und sogar Böses dürfen wir durchspielen, mit allen nur möglichen Konsequenzen.

An allem nimmt das Göttliche teil, ohne sich jedoch selbst einzumischen.

Einige Mystiker gehen davon aus, dass unsere Aufgabe im Leben darin besteht, Wissen anzusammeln.
Wissen allein kann es jedoch nicht sein, denn der Wissenspool des Göttlichen erscheint uns, zumindest aus der heutigen Sicht, sowieso unermesslich groß.
Als Geistige Wesen hatten wir, zu Beginn des Gestaltens des Spieluniversum, noch unmittelbaren Zugriff zu diesem Pool.

Vermutlich ist es das Wahrnehmen unserer Spielfaktoren, die Vielfalt in der Welt der tausend und mehr Möglichkeiten sowie die Lust am Spielen, mit der Intensität unserer spielerisch erlebbaren Leidenschaft, das dem Göttlichen „gefällt" und unmittelbar zuträglich ist.

Wir können jedenfalls sicher sein: Der Göttliche Ursprung hat uns nicht aus seinen „Augen" verloren.
Allerdings sind wir in allem, was hier und heute geschieht, total selbstständig, im Sinne von ständig selbst.

Wenn wir uns mit unserem Göttlichen TAO-Ursprung verbinden oder zumindest in Erfahrung bringen wollen, wie es an diesem „Ort" sein könnte, so müssen wir uns völlig frei machen von all den Erfahrungswerten der Spielgeschehen in diesem lediglich physikalischen Universum.

Wir brauchen wieder den Zugang zur allumfassenden Liebe, zur unendlichen Hingabe an alle nur erdenklichen Wesenheiten, egal ob eventuell „Gut" oder vielleicht „Böse".

Umfassende Liebe, wie sie andeutungsweise von Menschen beschrieben wurde, die dem Göttlichen mystisch nahe kamen, ist nur im Göttlichen TAO erfahrbar.
So eine völlig uneigennützige Form der Liebe kann mit Worten eigentlich überhaupt nicht beschrieben werden.
Diese Liebe, in ihrer höchsten Vollendung, ist wahrhaft ganzheitlich, also vollendet Heilig.

Vernunft ist immer der Maßstab aller Dinge:

Unter der Vernunft verstehe ich das im Hier und Jetzt möglichst bewusst gebrauchte, verantwortliche Sein; aus dem Göttlichen TAO heraus zur Verbundenheit mit TAO, anderen Geistigen Wesenheiten.

Somit ist die Vernunft auf seiner höchsten Verantwortungsstufe (von der Ebene 8 zur Spielebene 7) zugleich Ethik in Reinkultur.

Vernunft ist dabei mehr als nur die Fähigkeit logische Daten als das zu erkennen was sie sind und Berechnungen damit anzustellen. Vernunft vollzieht sich ohne darüber nachdenken zu müssen, ohne Wenn und Aber.
TAO, als der göttliche Funke, wendet per Verstand zwar auch Logik an, doch es ist, über den Verstand hinaus, die Anwendung von Vernunft, die uns zum Göttlichen TAO führt.

Das Logos des TAO bezeichnet das geistige Vermögen und was dieses hervorbringt, die Vernunft.
Ferner ist es ein allgemeineres Prinzip einer Weltvernunft oder ein Vernunftprinzip des geordneten Kosmos.

Gleichsam ist Logos auch ein Gesamtsinn der Wirklichkeit oder eine die Welt durchdringende Gesetzmäßigkeit.

Die allerhöchste Form von Vernunft, ist eine aus dem Offensichtlichen gewonnene Einsicht, hin zu einem Verstehen mit Weitsicht, Achtsamkeit und Besonnenheit.

Dies reicht über das Konstrukt des Verstandes weit hinaus. Hinter jeder vernünftigen Tat steckt also ein Geistiges Wesen.

Ein vernünftiger Lebenssinn ist dem mehr oder weniger hart erkämpften Überleben weit überlegen.

Nur solch ein Sinn des Lebens führt hin zu einem von Zufriedenheit, Wohlgefühl und Wohlstand erfüllten Leben. Dies lässt sich ganz einfach erkennen, denn ein dem Leben freundlicher Sinn ist besonders leicht nachvollziehbar und mit einer unbeschwerten Leichtigkeit erlebbar.

Die ethisch getragene, höchste Vernunft des TAO gipfelt somit in einem daraus abgeleiteten höchsten Erleben beziehungsweise in einem höchst angenehmen Leben.

Im Gegensatz dazu, das Vernünfteln:

Darunter verstehe ich die Haltung und gegebenenfalls darauf folgende Handlung die nur scheinbar auf Vernunft basiert.

Dies ist jene vom menschlichen Verstand gesteuerte Denkweise die mit angeblichem Scharfsinn argumentiert, sich analytisch über etwas oder jemanden auslässt ohne jedoch den eigentlich tieferen Sinn einer Person oder Sache zu erfassen.

Hieraus erwächst im Großen und Ganzen auch die einengende, in mehr und mehr Moralismus ausufernde Moral der Menschen und ihrem daraus resultierenden Rechtssystem.

Rationalisierungen sowie Rechtfertigungen und Berechnungen werden anstelle von wahrhaftigen, ethisch hochwertigen Argumenten benutzt.
Sie erscheinen sogar irgendwie logisch, dienen aber letztlich nur dazu, der Vernunft den Boden unter den Füßen wegzuziehen.

Statistiken und Umfragen sind die Mittel solcher Rechenkünstler, um Menschen zu durchschnittlichen Schubkastenwesen zu degradieren.
Die erarbeiteten Statistikwerte werden alle paar Monate neu angepasst.

Daraus entstehen dann Querschnitts-Ergebnisse, die für jede Art und Weise von entsprechenden Rechtfertigungen gut genug sind.

Rechtfertigende Vernünfteleien werden immer dann aus einer Trickkiste gezogen, wenn von Geistigen Wesen getragene Logik und die Vernunft den herrschenden Strukturen gefährlich erscheinen.

Jedermann sollte, nein muss, bei sich selbst und in seinem Umfeld dafür sorgen, dass die Vernünfteleien, Rationalisierungen, Rechtfertigungen und Berechnungen wieder von wahrhaftiger Logik und Vernunft abgelöst werden.

Die Logik des Verstandes ist:

Die Lehre von den Prinzipien des richtigen, das heißt, des schlüssigen Denkens und Beweisführens.

Aber, großes ABER, immer nur auf der Basis einer derzeit vorhandenen Datenmenge beziehungsweise von jetzt gültigen Informationen. Ändert sich die Menge oder die Art der Daten, erweitert sich der Wissensstand, so kann auch die Logik neue, andere Wege gehen.

Die ohne hinreichende Geduld, vorschnell von Un- oder Halbwahrheiten motivierten Auswüchse und Aktivitäten des Verstandes leisten nur der uns allen eingepflanzten Anweisung Vorschub, die da heißt:

„Andere ins Unrecht setzen!"

Vorurteile und Vorverurteilungen sowie Klatsch und Tratsch, also der Einfluss dritter Parteien, darf nicht länger über die weitgehend von der Wahrheit getragenen Daten gestellt werden.

Dabei gilt uneingeschränkt:

Erst eine vollständige Datenmenge lässt auch tatsächlich logische Schlussfolgerungen zu.

Sich alle verfügbaren und notwendigen Wissensbestandteile beschaffen, bevor der letzte Schluss gezogen wird, dies ist eine Verpflichtung die Geistige Wesen im Spielverlauf des Lebens an ihren, manchmal aus dem Ruder laufenden, Verstand stellen müssen.

**„Nach Wahrheit forschen,
Schönheit lieben, Gutes wollen,
das Beste tun.
Das ist die Bestimmung
des Menschen."**

Moses Mendelson

Vom Ursprung zum Neustart

Viele, viele Spirituelle Rückführungen aus den vergangenen mehr als 20 Jahren haben mir Gelegenheit gegeben, zu erfahren, wer wir sind, woher wir kommen, was auf dem Weg durch die Zeit geschah und weshalb wir jetzt hier angekommen sind.

Dies deckt sich nicht immer mit den Erfahrungswerten anderer, weil ich mir entweder Wesenheiten an Land gezogen habe, die weitgehend mit mir gemeinsam durch die Zeit gereist sind oder weil sich mir eine Welt geöffnet hat, mit der viele der Anderen nicht übereinstimmen können.

Das nun folgende Material mag klingen wie Sciencefiction; es ist jedoch von jedermann nachvollziehbar.

In den Händen erfahrener Druiden des TAO, die mit der Spirituellen Rückführung arbeiten, wird unsere Vergangenheit real erlebbar und im Zuge der Maßnahme werden dramatische Ereignisse sogar behebbar. Die schwerwiegenden, ursächlichen Geschehnisse, verantwortlich für so ziemlich alles in unserem gegenwärtigen Leben, werden erkannt, zuerst energetisch erleichtert, mit neuen Augen angeschaut und schließlich zur Lösung gebracht.

Über diese Methode der Spirituellen Rückführungen kommen wir tatsächlich an ur-, uraltes Material heran und können die daraus entstandenen Gefahren beseitigen.

Hier kurz und knapp die **acht Spielebenen**, wie wir sie uns im Laufe einer ewig langen Zeit selbst konstruiert haben, um das „Große Spiel" im Kosmos interessant zu gestalten:

Ebene 8:

Das **Göttliche TAO**, unser aller Ursprung und „Auftraggeber".

Ebene 7:

Die **Geistigen Wesen**, TAO zur Erschaffung des Universum > die Konstrukteure, die Helfer oder „Gefallenen Engel" und die Retter.

Ebene 6:

Das **Universum**, das Spielfeld, ein physikalischer Kosmos aus Energie, Materie und Raum und später auch Zeit.

Ebene 5:

Die **Lebewesen**, jegliche Lebensform, von uns, TAO, geschaffen, geformt und belebt. <u>Überlebe</u>: Fressen und / oder gefressen werden, heißt die Devise des Lebens.

Ebene 4:

Die **Menschheit**, eine spezielle Lebensform die uns, den Geistigen TAO-Wesen, sehr ähnlich ist und deren Matrix überall im Kosmos zu finden ist.

Ebene 3:

Die **Gruppenbildung** mit entsprechenden Aktivitäten machte das Spiel interessanter und aufregen der; dramatische Qualitäten wie „Gut" oder „Böse" bekamen erstmals eine entscheidende, schwerwiegende Wichtigkeit.

Ebene 2:

Die **Familie**, deren Aufgabe ist, aus der Sicht des Lebens, die Erhaltung der Art. Ihre Mitglieder halten einen besonderen Schutz untereinander aufrecht. Karmische Verbindungen werden in Familienverbänden geschaffen und müssen darüber auch wieder aufgearbeitet werden.

Ebene 1:

Das **Ego** bezeichnet völlig individualisierte Wesen. Dessen Tendenz besteht entweder im weiteren Absturz in Richtung Egoismus, weiter zu Egozentrik oder der Chance zur Transformation, der Erkenntnis ein Geistiges Wesen, TAO, zu sein.

Hier nun unsere Geschichte:

Als wieder einmal (Zeit ist in diesem Zusammenhang völlig unwichtig) einige von uns, die Geistigen TAO-Wesen des Ursprungs, beauftragt wurden, ein neuartiges Spielfeld zu erschaffen, waren andere, mit ähnlichen Aufgaben, schon sehr viel weiter als wir.
Die Zahl verschiedenartiger Universen war schon damals ungezählt.

Das Göttliche TAO hat uns losgeschickt und dann einfach mal machen lassen. Wir hatten vermutlich keinerlei Vorgaben.

Wollte ich unseren Ursprung beschreiben, so fehlen mir die geeigneten Worte.
Das Göttliche TAO, das wir eigentlich sind (noch immer sind), ist eine Einheit von Geistigen Wesen, die in völliger Harmonie im Miteinander „leben", „existieren" oder einfach nur zusammen sind.

Jeder hat so seine eigene bildhafte Betrachtung, wenn es darum geht, unseren Ursprung darzustellen.
Für mich erscheint, wie auch für die meisten anderen meiner Freunde aus Spirituellen Rückführungen, der Ursprung als eine hell strahlende „Sonne".

Wobei das Strahlen überhaupt nicht mit dem uns bekannten Licht vergleichbar ist. Es ist die hochwertigste Energieform, die wir uns nur in den kühnsten Träumen ausmalen könnten.

„Dort" (welches dort?) herrscht Harmonie und Liebe in allerhöchster Vollendung. Wir sind keine „wir" sondern einfach TAO, der Ursprung selbst. Dennoch können wir eine unglaublich enge Verbundenheit wahrnehmen, allerdings ohne zugleich mit Trennung konfrontiert zu sein.

Wie jeder sicherlich selber erkennen könnte, ist der Göttliche Ursprung so unbeschreiblich, dass ich jedem nur wärmstens empfehlen kann, selbst einmal per Spiritueller Rückführung dorthin zu spüren, vielleicht zu schauen, um das Göttliche unmittelbar wahrzunehmen.

Der Sinn unserer Mission blieb mir lange Zeit ein Rätsel, da ich meinte, das Göttliche habe es nicht nötig eine Unmenge an Universen zu initiieren.

Das im Göttlichen Ursprung, in TAO, gesammelte, unendliche Potenzial an Wissen sollte doch ausreichen, um über alles und jeden einfach nur Bescheid zu wissen.

Meine Erklärung für die Erschaffung eines weiteren Spielfeldes ist seit kurzem:

Wir sind die Spielgeister, so wie vom Göttlichen TAO selbst Spielgeistigkeit ausgeht. Ohne die vielfältige Möglichkeit zu spielen tritt unmittelbar der Tod ein, ein tödliches Nichts ohne jegliches Dasein.

Aber so etwas kann und darf es nicht geben.

Deshalb schickt der Ursprung Konstrukteure auf die Reise, hin zu immer neuen Kreationen von Spielfeldern und Spielmöglichkeiten.

Beim Start unseres Projektes kümmerten sich die ersten 13 (12 + 1) Konstrukteure um ein wenig göttliche Energie, damit wir nach Lust und Laune herum experimentieren konnten.

Klare Energie war für das neu zu kreierende Spielfeld das Einzige was zum Erschaffen in Hülle und Fülle vorhanden war.

Wir Geistige Wesen waren, in der Abspaltung vom Göttlichen TAO und dessen Allwissen, relativ unerfahren beim Aufbauen von Spielfeldern.

Wir mussten hier unser reduziertes, nunmehr vereinzeltes Wissen erst in neue Übereinstimmung bringen, mit dem jeweils anderen.

Wie kleine Kinder in einem Sandkasten ihre Burgen bauen und wieder zerstören, so spielten auch die Konstrukteure.

Während sich einige darum kümmerten, per Schwingung Urmaterie aus der vorhandenen Energie zu bilden, mussten andere Wesenheiten für den dazu nötigen, brauchbaren Raum sorgen.

Dies alles verlief zu Beginn ausgesprochen chaotisch. Erst im Laufe der Zeit, die es damals jedoch noch nicht gab, gelang den individualisierten TAO-Wesen eine immer bessere Koordination.

Die noch heute gültigen drei Dimensionen nahmen allmählich Form an, geometrische Figuren wurden gebildet.

Aus dem Spiel von Versuch und Irrtum entstanden die ersten materiell fassbaren Spiralen und Kugeln, die Vorläufer von Galaxien, Sonnen und Planeten.

Die Faszination des Erschaffens war für geistige Wesenheiten enorm.

Übrigens wurden außer den „freiwillig" (wer verlässt schon gerne die himmlischen Gefilde des Ursprungs) beauftragten, „anfangs" ausgesandten Konstrukteuren, auch Geistwesen als Helfer verpflichtet, denen es ganz und gar nicht gefiel, dass sie sich vom Göttlichen TAO entfernen sollten.

Diese mussten mit strikter, befehlend wirkender Absicht zum Einsatzort entsandt werden.

Solche Wesenheiten werden aus heutiger Sicht auch gerne als „Gefallene Engel" angesehen. In Wahrheit waren es Rebellen, die sich gegen den Auftrag, der vom Göttlichen Ursprung ausging, etwas auflehnten. Doch es gab keinen harten Widerspruch oder Widerstand auf Dauer.

Die dritte Gruppierung der ursprünglichen Geistigen TAO-Wesen waren welche, die meinten zu erkennen, dass mit diesem physikalischen Universum etwas errichtet wurde, das offenbar nicht allen gut tat.

Dies waren dann die Retter. Als Retter hatten sie das Bestreben uns oder zumindest die „Gefallenen Engel" aus dem noch sehr jungen Spielverlauf wieder heraus zu holen.

Retter sein zu wollen ist bis in unsere Tage ein schwieriges Unterfangen.

Es ist damit auch immer die Gefahr für das eigene Leben verbunden. Jene Retterwesen mussten dies am eigenen, „damals" noch körperlosen Leibe erfahren.

Unversehens fanden sie sich nämlich als weitere Eingefangene eben dort wieder, wo sie eigentlich andere Wesen hatten herausholen wollen.

Schließlich fanden wir uns gemeinsam im Spielfeld wieder und alle fanden irgendwie trotzdem Gefallen am Erschaffen.

Der von den 13 (12 + 1) Konstrukteuren und den etlichen tausend Nachzüglern, wie den „Gefallenen Engeln", geschaffene Spielaufbau des physikalischen Universum war nämlich magnetisch, im wahrsten Sinne des Wortes, ungeheuer anziehend.
Wer sich einmal auf dessen Spielebene einließ, wurde regelrecht hinein gesogen.
So wurden auch die Retter dem Spiel zugeordnet. Dies umso stärker, je mehr sie sich dagegen wehrten.
Ähnlich einem klebrigen Netzwerk schlangen sich dunkle, imaginäre, energetische beziehungsweise magnetische Fäden fester und immer fester um die widerspenstigen Wesenheiten, deren verständliches, angestrengtes Bestreben es war wieder zu entkommen.

Die meisten arrangierten sich mit der Zeit, fügten sich auf ihre Art in den Spielverlauf ein. Es blieb aber immer, bis zum heutigen Tage, ein Gefühl übrig:
Nicht wirklich dazu zu gehören.

Nach und nach entstanden für die Abläufe im Energie-Materie-Raum-Kontinuum Gesetzmäßigkeiten.

Schon in dem allerersten Ur-Universum wurden die heutigen Naturgesetze erdacht und ausprobiert.

Viele davon wurden aber auch wieder verworfen und in nachfolgenden Kosmen nicht mehr angewandt.

Sowohl die Konstrukteure als auch die „Gefallenen Engel" und schließlich ebenso die hängen gebliebenen Retter erschufen mit der, durch sie selbst und aus ihnen heraus verfügbar werdenden Energie das Spielfeld und den Spielverlauf.

Das Spielgeschehen in dem immer kompletter werdenden, nun bereits als „physikalisch" zu benennenden Universum wurde von Mal zu Mal interessanter.

Es entwickelte sich der Ablauf eines Art Selbstzweckes.

Doch indem immer wieder ausreichend Raum für Neues geschaffen werden konnte, wurde nie richtig aufgeräumt.

Noch heute beobachten Astronomen seltsame Phänomene, die mit den ansonsten vorherrschenden Naturgesetzen nicht zu erklären sind.

Das Universum wuchs und dehnte sich aus, es bildete, von „außen" betrachtet, eine Art Fluss im es umgebenden „Nichts".

Damit geriet es schon sehr „früh", noch vor der Gestaltung von Zeit, in „Kontakt" mit einem oder mehreren anderen Spielfeldern in der „Umgebung".

Von dort strömten doch tatsächlich Invasoren zu unserem Universum herüber.

Diese Wesen hatten sich in ihrem eigenen Universum eine Umgebung geschaffen, die fast ausschließlich über technische Hilfsmittel beherrscht wurde.
Ihre geistigen Fähigkeiten hatten sie dem Technischen untergeordnet.

Die Technik, etwas für uns noch völlig Fremdes, war deren bestimmender Faktor.

Um allerdings hinreichend Energie zum Betreiben ihrer technischen „Spielsachen", wie den Maschinerien bei Raumschiffen, Robotern und ähnlichem, gewinnen und einsetzen zu können, benötigten sie starke Energiequellen.
Sie selbst hatten die ursprüngliche geistige Fähigkeit zur Erzeugung von Energie verloren beziehungsweise einfach aufgegeben.

Da kamen wir Geistwesen ihnen gerade recht. Wir hatten noch unsere Fähigkeit, aus uns selbst heraus Energie zu kreieren.

Jene Anderen begannen also damit uns, die allermeisten von uns, systematisch zu versklaven und energetisch auszubeuten (das erste Mal in unserem Dasein):

> A) Mittels Elektroschocks, ganz so wie man noch heute versucht Leute geistig zu beeinflussen, setzten sie uns erst einmal in Verwirrung.
>
> B) Dann beschossen sie uns mit einer Unmenge von erzeugtem, nicht wahrem Bildmaterial, das zugleich Emotionen enthielt, die uns bis dahin fremd waren. Damit wurde Aufmerksamkeit abgelenkt und gebunden.
> Wir wurden willenlos! Schließlich stimmten wir mit den Bildern und den darin enthaltenen Botschaften überein.
>
> C) Danach schlugen diese Burschen mit Elektrizität ständig auf unsere Geistkörper ein. So veranlassten sie uns, aufgrund des für uns neuartigen aber dennoch wirkungsvollen Schmerzimpulses, den sie uns zufügten, eine Menge Energie abzugeben.

Durch das Mobilisieren unserer Abwehrkräfte lieferten wir genau das, was die Invasoren benötigten - jede Menge Energie.

Mit der Zeit (der für uns noch immer nicht vorhandenen) gelang es uns jedoch das enge Joch abzuschütteln.

Einige von uns waren so erschöpft, dass sie für die Fremden Wesen ineffizient und unbrauchbar wurden.

Aufgrund dieser Erschöpfung wurden sie ausgesondert und entsorgt. Sofort waren sie wieder frei! Sie konnten sich erholen.

Die freien Wesenheiten informierten die Gefangenen: „Tut so als seid auch ihr ausgebrannt.", „Stellt euch tot!".

Auf diese Art und Weise entgingen immer mehr der Geistwesen unseres Universum der Sklaverei.

Die Invasoren konnten, ebenso wie die Retter zuvor, unser Universum nicht mehr verlassen.

Sie gehörten nun auch zu unserem Spielaufbau. Im Laufe der Zeiten lernten wir von diesen fremden Wesenheiten und sie lernten von uns. Sie bereicherten unser Spielgeschehen.

Auch viele von uns waren nun mehr oder minder zu „technik-gläubigen" Wesen umfunktioniert worden.

Technik hatte uns versklaven können - also musste dieses Zeug wohl mindestens ebenso mächtig sein wie wir. Technik wurde zu einem unserer Vorbilder.

Auf die ähnliche Art und Weise entstanden übrigens auch zu wesentlich späteren Zeiten immer wieder einmal neue Götzen- und Gottesbilder.

Geistige Wesenheiten begannen sich anzupassen und ebenfalls Technik anzuwenden.

Noch waren sie allerdings geistig so auf der Höhe, dass sie auch ohne Maschinenkraft die Elektrizität erzeugen konnten.

Das Blitzeschleudern wurde geradezu Mode.

Im Zuge der Einführung von Technischem bequemten wir uns auch Zeit einzuführen, uns mit so etwas wie einem Ablauf von Zeit abzufinden.

Vermutlich waren es sogar die Fremden, die uns zur Anwendung von linear wahrnehmbarer Zeit veranlassten.

Deren Universum war damit schon ausgestattet.

Als sie erkannten, dass sie nicht mehr aus dem unseren in ihr Universum hinüber wechseln konnten, etablierten sie einfach ihre Vorstellung von einer ablaufenden Zeit auch bei uns.

Bis zu deren endgültigen Einführung, bis wir uns damit endlich abfinden konnten, sollten allerdings bei uns noch einige Äonen „vergehen".

Wer übrigens wissen will, wie wir zum Anbeginn der Zeit aussahen ... - eine solche Beschreibung ist ziemlich unmöglich.

Wir waren einfach nur in einer energetischen Form, quasi körperlos. Allerdings sehr viel „größer", gewaltiger und machtvoller als alles was wir uns heute so vorstellen können.

Wir hatten schließlich noch immer die Fähigkeit mit Galaxien zu spielen. Planeten und Sonnensysteme zu gestalten war eine unserer leichtesten Übungen.

Um das wahrhaft gigantisch angewachsene Spielfeld, Universum, optimal zu nutzen, haben wir, Geistigen TAO-Wesen des Ursprungs, aus uns selbst heraus, weitere Geistwesen geschaffen.

Diese waren Aspekte oder Gesichtspunkte von uns selbst, jedes aus einer anderen Betrachtungsweise heraus erschaffen.

Diese „neuen" Wesen waren und sind es noch immer fast ebenso echt wie ihre Erzeuger.
Ihre Geistigkeit hatte sich also weitgehend erhalten.

Die so entstandene „zweite" Generation von Geistigen Wesenheiten war nur geringfügig schwächer als wir selbst.

Deshalb konnten sich die Nachfolger im später folgenden Spielverlauf auch ihren „Vorfahren" widersetzen. Das Spiel im Universum lief, aus diesen Konstellationen heraus, später so richtig heiß.

Auf diese Art und Wiese wurden verschiedene Wesenheiten mit völlig unterschiedlichen Charakterzügen erschaffen.

Jeder schuf neue Wesen die alle in irgend einer Weise Aspekte von sich selbst verkörperten. Unsere „guten", ebenso wie unsere „schlechten" Seiten wurden in diese Anderen hinein projiziert.

Gut und schlecht oder böse sollte sich aber erst viel später auswirken.

Diese Wesenheiten sandten wir dann hinaus, in verschiedene Winkel des Universum.

Dort konnten sie weitgehend nach eigenen Vorstellungen wiederum eigene Spielfelder und Spielsituationen kreieren.

Bereits damals haben wir, beziehungsweise unsere Aspekte, die Ideen und Grundlagen geschaffen, für alle erdenklichen Arten von Lebendigem und Zivilisationen der folgenden Zeiten, auf den späteren Ebenen.

So entstanden sowohl magische Welten als auch mystische Sphären, ägyptische, griechische, römische und viele andere Reichskonstrukte.

Jegliche der Kulturen die sich noch heute auf Planet Erde ausbreiteten oder noch immer tummeln, wurden im Ansatz bereits real.

Himmel und Höllen waren ebenso vertreten wie Paradiese und wüste Einöden.

Alles was wir heutzutage so kennen, hat vor vielen, vielen Millionen Jahren begonnen - wirklich alles.

Im Verlaufe von Spirituellen Rückführungen finden wir ganze Planeten, von römischen Legionen besetzt.

Azteken, Inkas, Majas und Ähnliche siedeln noch immer in ihren jeweiligen Sonnensystemen.

Manche von diesen Gesellschaften haben sogar die Raumfahrt wieder entdeckt.

Selbst die ach so primitiven Kulturen der jetzigen USA und von Europa sind im Universum mehrfach vertreten.

Auch die Religionen im Kosmos gleichen sich irgendwie.

Göttergestalten und -familien, ähnlich der uns bekannten, sind überall im Weltall vertreten.

Griechische und römische, germanische, ägyptische, indische sowie indianische und alle, alle anderen Mythologien finden wir im gesamten Universum.

Man bekommt sogar den Eindruck als hätten Buddha sowie Jesus immer wieder einmal die jeweiligen Zivilisationen besucht, um dort ähnliche Lehren zu verbreiten wie auf Planet Erde.

Die wahrscheinliche Wahrheit ist, herausgefunden über verschiedene Spirituelle Rückführungen:
Besonders die Jesus-Geschichte wurde geschickt inszeniert, von einem reisenden Kreateur und Regisseur.

Jener Jesus oder wie auch immer der „Prophet" wo anders wohl heißen mag, ist für die entsprechenden Planeten nicht weniger wirklich; wurde er doch mit den echten, dort ansässigen Lebewesen in Szene gesetzt.
Die geschickt, von langer Hand über viele hundert Jahre, vorbereitete Dramaturgie, ist jedoch immer wieder die gleiche.

Damit soll die Verbreitung der Christuskraft keineswegs herabgesetzt werden.
Immerhin scheint sie auch wo anders durchaus Gutes zu bewirken.

Jetzt bin ich allerdings wesentlich zu weit in der Zeit voran gesprungen.

Schließlich hatten wir nach der Gestaltung der anderen Geistwesen, unserer Aspekte, die sich später immer wieder einmal als durchaus real existierende Gottheiten aufspielten, noch keine materiellen Körper zur Verfügung.

Weder gab es damals die uns bekannten Fleischkörper noch Körper mit pflanzlicher oder irgendwie zellulärer Struktur.

Diese mittlerweile wichtig gewordene Errungenschaft verdanken wir dem dreizehnten der alten Konstrukteure. Vermutlich wurde er genau zu diesem Zweck vom Göttlichen TAO auserwählt.

Nur dieser Konstrukteur hatte nämlich die Idee zur Schaffung von Lebensformen.

Er begab sich selbst in der Art von Aspekten in das Leben hinein und beseelt dies noch heute.

So sorgte er zusammen mit Verbündeten für dessen Vermehrung, beispielsweise über Zellteilung.

Von Einzellern, die sich in einem primitiven Akt teilten und vermehrten, bis hin zu kompliziertesten Zellstaaten bildeten sich die verschiedenen Organismen heraus, mineralisch, pflanzlich, tierisch.

Jenes Geistige TAO-Wesen entwickelte gemeinsam mit anderen Wesenheiten geniale Baupläne, die schließlich auch zu menschlichen Gestalten führen sollten.

Auszusehen wie Menschen, mit einem Körper und einem Kopf, zwei Armen und zwei Beinen, war schon von Anbeginn in uns, dem Geistigen, angelegt gewesen.

Diese spezielle Matrix des Menschseins ist ursächlich im gesamten Universum vertreten.

Wir hatten, ab der Realisierung von Lebendigem, durch das Konstrukt von gemeinsam agierenden, miteinander eng verbundenen Zellgebilden, aufeinander abgestimmten Lebenseinheiten, die Möglichkeit auch lebendige Menschwesen nach unserem geistig angelegten Ebenbilde zu erschaffen, gewissermaßen zu formen.

Das schloss aber nicht aus, dass wir uns, als TAO, das Geistige, auch in vielerlei anderen Erscheinungsformen, in den Tieren, Pflanzen, Mineralen sowie den Elementen (z. B.: Erde, Wasser, Luft, Feuer), bewegen oder uns einfach nur in ihnen festsetzen konnten.

Das Raffinierte an diesem Lebendigen war ausschließlich der Faktor „Erleben".

Damit hatten wir die Möglichkeit oft und oft auszutesten, was die Bandbreite verschiedener Emotionen bedeuten konnte.

Wie wirkten sich positive sowie negative Emotionen auf lebendige Wesen aus?

So etwas wie Gefühle konnten Geistige Wesen, bis zum Eintritt der Invasoren ins Universum, nicht vollständig wahrnehmen.

Erzeugte Gefühle, vorwiegend elektrischer Natur, die wir sonst so nicht unmittelbar erfahren hätten, begleiteten wir vom Eintritt ins Leben, der Geburt eines Lebewesens, über den Ablauf von Leben bis zum Sterben, schließlich zum Tod und dann ... zu einem neuerlichen Leben.

Dafür könnten wir dem 13ten Konstrukteur entweder ewig dankbar sein oder ihn auf ewig dafür verfluchen.

Mit der Erfindung des Lebens hat er oder sie oder es nämlich auch zugleich den emotional wirksamen Verlust durch Tod in die Spielwelten des Universum gebracht.

Leben spenden zu können, ist seither direkt damit verbunden, Leben auch zu nehmen.

Die Götter des Lebens und der Lebendigkeit sind somit unmittelbar auch Götter des Todes und der Leblosigkeit geworden.

Das weltweit bekannte „Rad des Lebens" oder wie die Kelten meinten „Abred", der „Kreis der Notwendigkeiten", hatte nun begonnen, sich im bislang nur geistig belebten Universum zu drehen.

Auf dieses Rad oder in diesen Kreis des Lebens, den, wie kluge Denker später erkannt haben, es alsbald zu durchbrechen gilt, haben Geist- sowie Lebewesen sich regelrecht selbst verflochten.

Die Schwere des Fluchs, für uns Geistige Wesen, bestand nun in der übereinstimmend angenommenen Notwendigkeit, Leben beseelen zu wollen, es letztlich sogar zu müssen.

Lebendiges vermochte, ohne unseren Od oder Odem, einem Teil unserer Energie, nicht dauerhaft zu bestehen. Im indischen Kulturraum wird diese Lebensenergie übrigens als „Prana" und im Fernen Osten als „Chi" oder „Qui" bezeichnet.

Um die Lebendigkeit auf Dauer aufrecht erhalten zu können, wurden allerdings nicht nur Anteile unserer Energie benötigt.

Wie bereits erwähnt, hatte sich auch die Energie des 13ten Konstrukteurs im Lebendigen verstreut. So begegnen uns im Leben immer einige seiner Aspekte.

Auch die meisten von uns gingen geradezu völlig darauf ein, mit dem Leben, egal in welcher Art und Form, eins zu werden. Das Leben verband sich mit Geistwesen.

Die Wesen wurden zu Lebewesen. Damit begannen auch die in dem Lebendigen deutlich spürbar angelegten, niederen Emotionen: Schmerz, Wut, Angst, Mitleid, Trauer bis Apathie und Tod, auf uns einzuwirken.
Bis dahin hatten solche Emotionen für uns, als rein Geistige Wesen, keine tragende Bedeutung.

Lediglich das tieftonige Gefühl von Verlust, mit den darin enthaltenen Emotionen Traurigkeit sowie Gram, das insbesondere die „Gefallenen Engel" empfanden, als sie sich vom Göttlichen TAO, unserem Ursprung, trennen mussten, war jenen nicht fremd.

Die Evolution des Lebens verschlang Aspekte des Geistigen in großer Zahl, um fortwährenden Bestand zu haben.
Deren Linien reichen von den beweglichen Einzellern über Mehrzeller bis hin zu den Zellstaaten, aus denen heutige Lebewesen zusammengefügt sind.
In allen Körpern offenbart sich die Entstehung und der Fortschritt des Lebens.

Zugleich finden wir gebundene Energien in Form von Aufmerksamkeit, Energien die dem Geistigen mehr oder weniger fehlen, wenn es darum geht, sich einer höheren, einer Göttlichen Transformation zuzuwenden.

Betrachten wir einfach die heranwachsenden menschlichen Embryonen.

Aus einer Samenzelle und einer Eizelle keimt das Tier. Während der Reifungsstufen lässt sich sogar ein urtümliches Echsenwesen erkennen.

In jedem dieser Stadien hat sich Geistiges dem Leben verschrieben. Es ist dabei, es wacht und unterstützt den Stand der Entwicklung. Dies gilt für die Natur im Allgemeinen ebenso wie für jede irgendwie geartete Zelle bis zum Zellverbund.

Das Rad des Lebens hat zudem den Begriff des Überlebens notwendig gemacht.

Leben verschlingt anderes Leben, um zu überleben. Dabei siegt nicht immer der Stärkere über den Schwächeren. Dies ist ganz sicher keine dauerhaft brauchbare Überlebensstrategie. Vielmehr sehen wir beispielsweise bei Mikroben, Pilzen und den vielen Bakterien, dass ausschließlich Vielfalt und eine enorme Fähigkeit zur Fortpflanzung beziehungsweise der Reproduktion sowie der Anpassung, Arten über lange Zeit bestehen lassen.

Gutes Überleben hat also etwas damit zu tun, im Kollektiv ein starkes Miteinander bilden zu können.

Fortgeschrittene Individualisierung hatte bereits uns Geistigen Wesen nichts als Scherereien bereitet.

Erst indem wir erneut ein wiedergewonnenes, ursprüngliches Gemeinschaftsgefühl entwickelten, uns Informationen zuspielten, gelang es uns, den Sklavenhaltern aus dem Technik-Universum zu entkommen.

Der Begriff: Notwendigkeit, der für das Überleben offenbar so wichtig erscheint, beinhaltet sehr viel zusätzliche Information.

Er besagt, dass wir in der „Not", in den Notsituationen, „wendig", also beweglich, sein müssen.

Dies gilt sowohl für vereinzelte Lebewesen, deren Beweglichkeit und Schnelligkeit ihr Überleben sichert, als auch für Familienverbände und ganze Rassen.

Wendigkeit ist das Gegenteil von Starrheit und Starrsinn. Wendig zu sein bedeutet somit auch anpassungsfähig zu sein und jeder Situation gerecht zu werden.

Lebewesen die sich in der Evolution nicht anpassen können sterben zwangsläufig aus.

Die menschlichen Körper, wie sie zur Zeit existieren, sind aus mehreren lebenspendenden Einheiten zusammengesetzt.

Ihr Überlebensgarant ist derzeit das Gehirn mit all seinen Nerven, ein Apparat der unmittelbar mit dem Verstand, einem energetischen Konstrukt, direkt in Verbindung steht, doch selbst nur bedingt denkt. Dem Gehirn obliegt hauptsächlich die Vitalität des Körpers, ihn zu kontrollieren, entsprechende Maßnahmen einzuleiten, wenn etwas aus dem Ruder läuft.

Die über Jahrmillionen gereiften Kontrollorgane liegen jedoch oftmals noch heute im Widerstreit zueinander.

So muss sich das, im Zeitablauf noch recht junge, Großhirn gegen das Herz sowie gegen den Magenbereich und die größeren Gelenke durchsetzen.

Hier siedeln nämlich, die im Osten der Erde anerkannten, medizinischen Wissensinhalte sowie esoterische Betrachtungsweisen des Westens, so genannte Chakras.

Wird der Krieg der Körperteile nicht zur Ruhe, zu Frieden und Harmonie gebracht, entstehen wilde Disharmonien mit Krankheitserscheinungen die dann als Krankheiten erkannt, entsprechend benannt und behandelt werden.

Notfalls sorgen einige der Widersacher selbst für den nötigen Frieden, einen Grabesfrieden, indem sie den Körper zu Tode bringen.

Die vom Geistigen eingebrachte Lebensenergie in Harmonie zu bringen, den Einklang im Körper aufrecht zu erhalten oder wieder herzustellen, war und ist das Bemühen zahlreicher Heiler und Heilkundiger.

Seit der „Erfindung" des Lebens und der Erschaffung der Menschheit, spielen alle Geistigen TAO-Wesen damit herum.

Besonders problematisch wurde die Geschichte allerdings erst, als wir über die menschlich geprägten, fleischlichen Körpereinheiten zu intensiv in das Spielgeschehen eingebunden wurden.
Oder besser, wir uns mit diesen Körpern enger einließen, sie irgendwie lieb gewannen und andere dies ausnutzten, um uns darin einzuschließen.

Von da an wurden diese Fleischkörper zu Fallensystemen für Geistige Wesen.

Die Spielebene der „Lebewesen" ging von hier aus in die Spielebene „Menschheit" über.

Wir, als die Geistigen Wesen der nunmehr dritten Kategorie, die sich mehr und mehr mit den menschlichen Fleischkörpern identifizierten, bildeten die Art heraus die das gesamte All umspannen sollte.

Denn, die Annahme, dass Menschen nur den Planeten Erde besiedelt hätten, ist wohl der größte Irrtum dem die abgewerteten „kleinen Leutchen" dieser winzigen Weltkugel in der Vergangenheit erlagen.

Erst vor kurzem begannen wieder einige Menschen, sich ihrer eigentlichen Größe zu besinnen.
Die Idee zur „Suche nach Leben außerhalb der Erde" stellt solch eine wieder erweckte Erinnerung dar.

Die menschliche Art war ausgezeichnet dafür geeignet, mit ihr richtig vielfältige Spielsituationen zu erschaffen, bei denen Geistige Wesen sich intensiv einbringen konnten.

Das Erspüren der verschiedenen Empfindungen und der Emotionen menschlicher Fleischkörper war für uns äußerst anziehend.
Wir freien Geistigen Wesen hielten uns zunächst nur in der Nähe der Körper von Menschen auf.

Im Laufe der Zeit umhüllten wir sie dann erst, besetzten sie schließlich, um noch deutlicher dabei sein zu können.

Das Leben mit all seinen Facetten faszinierte uns immer stärker.
Wir begannen, uns doch tatsächlich auf dieses menschliche Dasein einzulassen.

So ist in allen Göttersagen von großen Gott-Geistern die Rede, die sich benahmen wie Menschen, sich sogar sexuell mit den Menschlichen verbanden.
Dies finden wir bei den Göttern des Nordens ebenso wie bei den ägyptischen, griechischen, römischen oder indischen und allen anderen Mythen dieses und anderer Planeten.
Selbst in der Bibel, der „Heiligen Schrift", dem „Wort Gottes", heißt es in der Genesis 6,2:
„Da sahen die Gottessöhne, dass die Töchter der Menschen schön waren, und sie nahmen sich zu Frauen, welche sie nur mochten."

Als wir begannen rivalisierende Gruppen zu bilden, die Menschen einzeln oder in Massen, bei Kriegsspielen, gegeneinander zu hetzen, lief das Spiel im Kosmos vollends aus dem Ruder - beziehungsweise es wurde richtig interessant.

Gruppendynamische Prozesse waren schon zu allen Zeiten, sogar durch uns, nur schwer kontrollierbar.

Wir, die Geistwesen, erschufen (nach dem Vorbild der Technik-Wesen), naiv wie wir offenbar waren, wirkungsvolle Fallensysteme, mit denen wir uns gegenseitig einfingen und für lange Zeit unfähig machten. Eigentlich sollten sie nur zur Bereicherung des Großen Spiels beitragen.

Diese genialen Systeme gaben wir auch Menschlichen als Wunderwaffen in deren „unwürdige Hände", um unsere, als Gegenspieler auftretende, Mitgeister auszutricksen.

Dummerweise entwickelten wir nicht einmal ein Gegenmittel, keine wirksame Gegenmaßnahme.

Etliche von uns gerieten über kurz oder lang in den Wirkungsbereich der Fallen; tatsächlich saßen wir zigtausende von Jahren fest.

Eine besonders wirkungsvolle Falle, war ein magnetisch wirkender Pfahl. Sobald wir in seine Nähe kamen, zog er uns unweigerlich an.

Je mehr wir dann Eigenenergie einsetzten, desto stärker wurde auch seine uns gegengerichtete Wirkungsweise.

Dies war, wie erwähnt, im Grunde die gleiche ursprüngliche Bindekraft mit der einige von uns (die Retter ...) seit Anbeginn in das physikalischen Universum hinein gezogen und seither festgehalten wurden.

Gegen diese Kraft der Affinität oder der Liebe, hier in der physikalischen Form von Gravitation beziehungsweise Magnetismus, hatten wir keine Chance.

Erst nachdem wir geradezu kraftlos wurden (kommt dies bekannt vor?), uns nicht mehr zu wehren vermochten, glitten wir von dem Pfahl ab. Dies konnte sehr, sehr lange andauern. Vor allem, wenn ein besonders kräftiges, noch ursprüngliches Geistwesen eingefangen wurde.

Nachdem wir uns bei der Nutzung menschlicher Körper nicht gerade zimperlich verhalten hatten, machten wir uns auch diese Lebenseinheiten oftmals zu Feinden. Unser Bestreben bestand nämlich darin, in Erfahrung zu bringen, es zu erleben, wie sich Fleischkörper in Extremsituationen verhielten.

Für unsere Experimente verschlissen wir etliche von den „Dingern". Dabei nahmen wir keinerlei Rücksicht; weder auf deren Zerbrechlichkeit noch auf die geistige Lebensenergie die wir damit ebenfalls angriffen.

Wir unterschätzten den enormen Überlebenswillen, den die vermeintlich schwachen Körperlichen entwickeln konnten. Zudem unterschätzten wir deren Sinn für Ausgleich in Form von Rache. Als wir ihnen dann auch noch die entsprechenden Waffen zuspielten ... .

Wir hätten das besser gelassen. Jetzt konnten sie uns heimzahlen, was wir ihnen angetan hatten.

Die Schaffung von Gruppierungen, ließ die Idee von „Gut" und „Böse" zu. Die eine Gruppe fühlte sich als die „Gute" und die andere Gruppe verkörperte dann wohl das „Böse" oder das „Schlechte" oder das „andere Gute"!?! Wer zu der einen oder anderen Gruppe gehörte, war letztlich nur eine Frage von gemeinsamer Übereinstimmung. Entweder handelte es sich um die gleiche Zielrichtung oder die gleiche Rasse oder die gleiche Fahne mit der jemand in der Formation einer Gruppe voran ging.

Diese Art und Weise der Gruppenzugehörigkeit schuf immer auch Über- sowie Unterordnung; es gab darin die Anführer, Hilfskräfte und Mitläufer.

Sowohl Lebe- als auch Geistwesen wurden hierbei unterteilt in Größere und Kleinere, Stärkere und Schwächere; obwohl wir doch alle dem Wesen nach weiterhin hätten gleich sein können.

Dieses unterdrückerische Machtstreben entwickelte sich im dynamisch angelegten Gruppenverhalten.

Der Samen wurde gelegt, für die giftigen Pflanzen von Gier, Eifersucht, Neid, Missgunst und Unzufriedenheit.

Im Miteinander fühlten sich besonders die menschlichen Körperwesen stark.

Nachdem wir Geistigen Wesen uns aber mit diesen Denkweisen identifiziert oder vielleicht sogar infiziert hatten, wurde diese Art der Gemeinschaft auch für uns übermäßig wichtig.

Denn, dabei lebten die uralten Werte unseres Ursprungs wieder auf; die aus der Einheit des Göttlichen TAO entsprungener TAO-Wesen: Loyalität, Solidarität und das intensive Gefühl der Zusammengehörigkeit.

Diese hohen Werte wurden nun auch in die Spielregeln von Gruppen fest integriert. Allerdings hat man sie auch immer wieder und überall ausgenutzt; mit ihnen wurde oft Schindluder getrieben.

Ein irgendwie hinterhältig veranlagtes Geistwesen (der schlimme Aspekt eines ursprünglichen TAO-Wesens) hatte vor langer Zeit die vielleicht damals schon betrügerische Vorstellung, allen anderen Wesenheiten ganz besondere Schauspiele bieten zu müssen.

Es lud die „Götter", zu jener Zeit noch mit Energiekörpern ausgestattet, ein, seine Zirkusveranstaltungen zu besuchen.

Dadurch bewirkte es allerdings etwas höchst Seltsames, möglicherweise Beabsichtigtes:

Die ansonsten selbst überaus ideenreichen, kreativen Erschaffer eigener Spielverläufe wurden entweder zu den Mitspielern, den Darstellern in seiner Dramaturgie, oder sie wurden zu einfachen Zuschauern degradiert.

Damit entzog diese hinterhältige Wesenheit dem „Großen Spiel" eine ziemliche Zahl an Machern.

Heutzutage konnte ich, über Spirituelle Rückführungen, herausfinden, dass gewisse „Urängste" auf diese Aufführungen zurückzuführen sind.

Ängste vor gewagten Aktivitäten, vor wilden Tieren und häufig vor maskierten Leuten, zum Beispiel Clowns, Weihnachtsmännern, Halloween- oder Faschingsverkleidungen und mit Totemmasken auftretenden Schamanen und Medizinmännern, bedrohen nicht nur Kinder.

Auf der Spielebene der Gruppenaktivitäten, griffen gewisse Geister diese Wirkungsweise erneut auf.

Auch hier wurden Darsteller gebraucht sowie Menschen und Wesen zu Zuschauern gemacht.

Das Thema: „Brot und Spiele", wurde lange vor den römischen Kulturen zum Motto, um Leute ruhig zu stellen.

Denn, wer immer ausreichend in seinen Grundbedürfnissen versorgt wird, beispielsweise Essen und Trinken bekommt, und seinen Spieltrieb beim Zuschauen gezügelt befriedigen kann, ist auch recht leicht zu kontrollieren, zu steuern, zu regieren.

Aus diesen, in relativer Bewegungslosigkeit gehaltenen Leuten, konnte und kann man dann ganz leicht, die mit sich selbst zufriedenen Konsum- und Arbeitssklaven machen.

In heutigen Gesellschaften, speziell „oberhalb" der Entwicklungsländer, ab den so genannten Schwellenländern, wird dem Volk mit den staatlichen Unterstützungsgeldern für Arbeitslose und mit sportlichen Veranstaltungen, wie Fussball, olympische Spiele, ..., Fernsehen, das „Brot und Spiele"- Prinzip gezielt angeboten.

Auf diese Art und Weise praktizieren die Regierenden genau die ur-, uralten Vorgaben, um ihr Volk zu beruhigen und von ihrem eigenen Fehlverhalten abzulenken.

Die Energien der Wesen wurden in allen Gesellschaftsformen, der alten sowie der neuen Zeit, kanalisiert, deren Aufmerksamkeit dorthin gelenkt, wo die Machthaber sie mit Absicht haben wollten.

Gruppenaktivitäten mit einem möglichen Gefahrenpotenzial liefen auf diese Weise schon im Vorfeld ins Leere.

Sie wurden damit unschädlich für die Drahtzieher, die grauen Eminenzen im Hintergrund.

Eine andere Spiel- beziehungsweise Regierungsstrategie ist folgende:

Bevor viele Menschen sich zu Gruppen zusammenschließen konnten, als aktiver werdender Mopp gegen ihre Unterdrücker hätten aufbegehren können, wurden deren aufmüpfige Kräfte einfach gebündelt, in angeblich vorrangigere Auseinandersetzungen mit anderen Gegnern geschickt.

Notfalls wurden deswegen sogar Feinde erfunden und böswillig Kriege angezettelt.

Auch diese kriegerischen Maßnahmen waren und sind eine höchst wirkungsvolle Spielsituation mit Ablenkungscharakter.

Eine weitere, strategisch höchst wirkungsvolle Maßnahme heißt:

„Teile und herrsche!"

Diese Aussage hat keineswegs etwas damit zu tun, dass Leute Gut und Geld untereinander aufteilen sollen. Nein!

Es geht hier ausschließlich um Machtansprüche.

Die Forderung besagt:

Zerteile die zu stark werdenden Gruppen in möglichst viele kleinere Einheiten und löse die anführenden Individuen von ihren Unterstützern.

Das Teilen wirkt destruktiv. Es bezieht sich somit darauf, die eigentlich gebündelte, konzentrierte Macht von Zusammenschlüssen zu schwächen.

Alle Formen von Gruppen, wie zum Beispiel Staaten, Firmen, Vereine sowie andere Organisationen, forderten seit jeher die Energie der Wesen, in Form von Aufmerksamkeit.

Geistwesen sowie Menschwesen wurden und werden von dieser häufig schlecht organisierten Spielebene der Gruppenaktivitäten ausgesaugt, geradezu aufgefressen.

Das hohe Energiepotenzial von Individualwesen wurde somit tatsächlich stark vermindert.

Durch vermehrte Identifikation mit den fleischlichen Körpern waren dann, speziell bei den in mehr oder minder strukturlosen Gruppierungen Beschäftigten, geistige Defizite, Depressionen, so genannte „burnout"- Erscheinungen oder zumindest die berühmte „Urlaubsreife" die Folge.

Durch diesen vorwiegend aus dem unzulänglichen Zustand des Seins von Lebewesen, insbesondere des Menschseins, heraus motivierten Verlust des geistigen Potenzials wurde die Ebene der Gruppen (Ebene 3) zur Konkurrenzebene für die Spielebene 2, die der Familien.

Wesen sowie Menschen gerieten oftmals auch in Konflikt mit sich selbst und zu anderen, wenn sie sich für eine von zwei Ebenen vorrangig entscheiden mussten.

So führten schwerwiegende Entscheidungen wie: Entweder Spielebene 7 (Geistwesen) oder Ebene 1 (Ego), beziehungsweise Ebene 3 (Gruppenaktivitäten) kontra Ebene 2 (Familienverbände), zu krank machenden Konflikten im eigenen Selbst.

Das Gruppenverhalten oder die Gruppendynamik wurden spezialisiert, als sie in das Thema der Familie übergingen.

Hier fanden wir eine Zusammengehörigkeit der ganz besonderen Art.

Während nämlich, von außen fremdgestaltete Gruppierungen und deren Aktivitäten ausschließlich auf der gemeinschaftlichen Übereinstimmung basierten, war die Familie nur auf den ersten Blick fremdbestimmt.

Eltern fingen sich anscheinend ganz zufällig, ohne offensichtlichen Sinn, die hinzukommenden Mitglieder der entstehenden Familie ein.

Bei dieser Betrachtungsweise vergaßen die Leute, dass sie noch immer Geistige Wesen waren oder sein könnten. Als solche hatten und haben wir alle eine gemeinsame Vergangenheit zu bewältigen.

Insofern muss jetzt grundsätzlich zusätzlich bedacht werden, dass die Familien-Ebene eine mental sehr tief unten liegende Ebene ist.

Wer sich oberhalb der Ebene des Ego nur noch der Ebene 2 verschreibt, wird zum Wesen, das sich wirklich klein macht. Insbesondere Mütter werden von ihrem sozialen Umfeld oftmals darauf reduziert.

Eine ansatzweise Lösung besteht darin: Sein Interesse weiter hinaus zu richten, auch auf höheren Ebenen Wissen zu erarbeiten und Verantwortung zu übernehmen.

Dies ist wirklich enorm wichtig, zur Vergrößerung eines ansonsten klein gehaltenen Geistwesens.

In den Familien fanden sich über die Zeit Geister und Leute zusammen, die das „Karma" oder das „Schicksal" im Spiel des Lebens seit einem schwerwiegenden Ereignis gemeinsam aufzuarbeiten hätten.

Die Bindekräfte innerhalb von Familien waren hier entweder Liebe oder Hass, zwei entgegengesetzte Kräfte derselben Medaille. Hass hat sich übrigens erst ab der Ebene 3, der Gruppen, eingespielt; als auch „Gut" und / oder „Böse" anfingen Rollen zu spielen.

Diese Art von Liebe auf Ebene 2, kann relativ leicht zu Hass umschlagen. Dann fliegen oft die Fetzen. So gibt es auch die Redewendung:

„Soviel Hass kann nur Liebe sein!"

Unter Anwendung von Sex wird auf der Ebene 2 angestrebt, die Art zu erhalten.

Die Bindekraft der Liebe führt hierzu Lebewesen gleicher Art zusammen, wie eben auch die Menschen.

Durch die verdrehte, pseudoanalytische Denkweise menschlicher Wesenheiten, wird das Miteinander in deren Zusammenleben etwas problematischer gestaltet als es im Allgemeinen nötig wäre.

Wirtschaftliche und soziale Überlegungen werden zur Notwendigkeit erhoben und höher angesetzt als die reine Arterhaltung.

Seltsam konstruierte Gebilde der Spielebene 3, wie einige Staatsunwesen, stehen der Familie eher im Wege, als dass sie ihr Hilfestellung leisten würden.
Deren Führer stehen oft in der Abhängigkeit vom Machthunger Einzelner sowie von den Interessen übermächtiger Firmenkonstrukte.

Sobald Staatsgebilde offensichtlich damit anfangen, den Familien ihr angestammtes Recht abzusprechen, haben sie das eigentliche Ziel zur sozialen Unterstützung verfehlt. Das Recht sowie die Befähigung zur Erziehung von Kindern wird dort den Eltern regelrecht abgenommen; die Kinder werden in staatlichen Einrichtungen zwangsrekrutiert.

Hier treten die Akteure der Ebene 3 in eine unverantwortliche, offene Konkurrenz zu solchen der Ebene 2.
Den Mitgliedern der Familien wurde und wird auf diese Art und Weise die wichtige Chance geraubt:
Ihr karmisches Netzwerk zu bereinigen und es letztlich abzuschütteln.

Geschweige denn, dass sie dafür die entsprechende Unterstützung aus Ebene 3 erhielten.

Durch entsprechende Mechanismen, einfach gesteuert von Aktion zu Reaktion, weitgehend ohne analytisch angewandte Logik, haben sich nämlich die Menschen auf der kosmischen Spielebene der Familienverbände miteinander verbunden.

Dadurch wuchsen sie über die Zeit, in einem Netzwerk gegenseitiger Verantwortlichkeiten zusammen. Sie fanden und finden sich von Leben zu Leben immer wieder zusammen.

Großeltern, Eltern und Kinder, der ganze Clan oder die Sippe, haben sich niemals zufällig zusammengefunden.

Entsprechend wichtig war und ist jetzt, zur Lösung und Aufarbeitung karmischer Verflechtung und Unordnung, das entscheidende Wissen um die möglichen Zusammenhänge zu gewinnen.

Erst, wenn wir, beispielsweise per Spiritueller Rückführungen, eindeutig erkennen würden, womit wir es bei diesem Zusammenspiel zu tun haben, könnten wir effektiv etwas tun, um das Leben dennoch wieder ursächlich zu gestalten.

Auf der Ebene der Familien wuchs sowohl die Liebe als auch jegliche Form von Gewalt. Hier wurde geliebt und gemordet ohne gleichen. Nicht umsonst drehen sich große Dramen der Weltliteratur um familiäre Beziehungsprobleme.

Auch erfolgreiche Fernsehserien bauen auf diese Dramen in angehenden oder bereits bestehenden Familienstrukturen. In diesen Beziehungskisten zwischen Männern und Frauen verbirgt sich jede Menge gefährlicher Sprengstoff.

Die Ursachen für die Gefahrensituation zu entdecken und das explosive Material in aller Ruhe, mit Vernunft zu entschärfen, ist außerordentlich wichtig, um Frieden in der Welt einkehren zu lassen.

Lasst uns hier kurz ein paar Gedanken zum Dasein als Mann oder als Frau anbringen:

Punkt **1)** Wir sind zumeist weder Mann noch Frau auf Dauer! Im langen, langen Verlaufe unseres Lebens als Geistige Wesenheiten haben wir uns die Freiheit offen gelassen unsere Geschlechter immer wieder einmal zu wechseln.

Deshalb tun sich einige von uns heutzutage auch so schwer ihre derzeitige Geschlechterrolle zu akzeptieren.

Unseren Gesellschaftsformen fehlen ganz einfach die Initiationsriten - diese sind die Einweihung in das jeweilige, für dieses Leben real gewordene Geschlecht.

Mit den Ritualen wurde zu früheren Zeiten eindeutig herausgefunden ob jemand als Mann oder als Frau der großen Gemeinschaft des Stammes weiterhin dienen will oder soll.
Zu Zeiten der Jäger und Sammler und bei den noch weiter zurückliegenden Urvölkern gab es diesbezüglich sicherlich noch keine so gravierenden Unklarheiten.

Punkt **2)** Als Menschen tragen wir eben diese Information der Urvölker noch immer in uns. Männer waren häufig unterwegs und holten die Beute nach Hause. Frauen waren für die Unterkunft zuständig und kümmerten sich um den Nachwuchs.

Als genetische Prägung für einen Mann haben wir also noch immer den Drang nach draußen zu gehen, während eine Frau sich eher in Haus und Garten wohl fühlt.

Dass dies nicht mehr wirklich so ist, liegt daran: Auch Frauen müssen sich gezwungenermaßen um das Überleben sorgen und außerhalb der eigenen vier Wände arbeiten.

Dass Frauen außer Haus arbeiten müssen, wurde erst in den dreißiger Jahren des 20ten Jahrhunderts zwangserfunden.

Jemand hat nämlich festgestellt: Mehr als Hälfte der Bevölkerung eines Landes zahlt keine Steuern! Um dies zu ändern, wurde die so genannte „Emanzipationsbewegung" propagiert.

Von da an wurden auch die Frauen für Arbeiten außer Haus geschult, den Männern immer mehr angeglichen.

Punkt **3)** Die Behauptung Frauen wären kommunikativer als Männer ist einfach nicht wahr. Was ich beobachtete ist: Frauen kommunizieren nur anders als Männer.

Jäger-Männer sprechen deutlich weniger. Schließlich sind sie auf der Pirsch. Sie müssen sich dabei mit nur wenigen Worten und knappen Hand- und Körperbewegungen verständigen. Ziel ist es: Das Wild gemeinsam zu erlegen.

Frauen hingegen befinden sich am ehemals „heimischen Herdfeuer", in ständiger Konkurrenz zu ihren Artgenossinnen, im hierarchischen Wettstreit und: Sie liegen im Streit um die heimkehrenden Sexualpartner. Deren Art der Kommunikation ist ausgerichtet auf: „Ich habe das Recht und die Macht im Haus.".

Schließlich mussten sie sich, verbal sowie im Können, gegen diejenigen durchsetzen, mit denen sie andauernd auf engstem Raum zusammenarbeiteten.

Diese Betrachtungsweisen gelten allerdings nur, solange die im Körper gespeicherten Information nicht vom Verstand eines Geistigen Wesens analysiert und dann umprogrammiert oder überspielt werden.

Auch, wenn das Menschwesen im Verlaufe der Wiedergeburten öfter als bei anderen sein Geschlecht gewechselt hat, wird das beschriebene Rollenverhalten aufgehoben.

Punkt **4)** Wenn ich die Absichten, insbesondere der westlich geprägten Staatswesen auf Planet Erde, richtig interpretiere, dann wird gezielt daran gearbeitet Clans und Sippen, die größeren Familienverbände, aufzubrechen, die Menschen immer mehr zu vereinzeln. Es werden so genannte „Singles" gefördert, geradezu produziert. Staatliche und halbstaatliche Institutionen wurden geschaffen, um den Schutz- und Unterstützungsgedanken der Familieneinheiten mehr oder weniger (eher weniger!) auszugleichen.

In einem solchen Umfeld fällt es etlichen Menschen immer schwerer, die angestammte Rolle, als Mann oder Frau, einzunehmen und auf Dauer zu halten.

Punkt **5)** Die ehemals ungetrübte Gemeinschaft von Mann und Frau (männlichen und weiblichen Aspekten Geistiger Wesen) sollte in diesem Leben einfach wiedergewonnen werden.

Dies gelingt nur mit gegenseitigem Respekt, einer gehörigen Portion Toleranz sowie Verstehen und Verständnis füreinander.

Beziehungen zwischen Mann und Mann sowie zwischen Frau und Frau, die nicht „natürlich" sind, hat es in der Geschichte der Lebewesen immer wieder gegeben.

Der Gedankengang: Sexuelle Verbindungen von Männern und Frauen sollen ausschließlich der Erhaltung der Art dienen, in diesem, unserem Falle der Menschheit, hat offenbar keine Gültigkeit im Ablauf der Zeiten. Warum muss Sex auch immer zu Kindern führen?

Wohin wir mit diesem Fortpflanzungswahn gekommen sind, sehen wir an der weltweit fortschreitenden Überbevölkerung.

Wenn es wieder nötig werden sollte Kinder in vermehrter Anzahl zu zeugen, damit die Menschheit nicht ausstirbt, regelt dies die Natur (oder das morphogenetische beziehungsweise morphische Feld) sicher selbst.

Die letzten großen Weltkriege mit ihren vielen Millionen Toten haben gezeigt wie überlebensfähig die Menschheit trotz alledem ist.

Die Geschlechter haben hier und jetzt die Chance ihren karmischen Verbindungen und Vorgaben ein Schnippchen zu schlagen. Das Karma der Jahrtausende (und mehr) sollte entweder gezielt aufgearbeitet oder einfach abgeschüttelt werden.

Sowohl als Mann als auch als Frau müssen wir uns den Geistern und den Schrekken der Vergangenheit stellen.
Das ultimative Lösungsmittel hierfür ist mental geprägte Kommunikation und gegenseitiges Verstehen.

Wir, die Geistigen TAO-Wesen, sollten grundsätzlich bedenken, dass die Gefühle von Liebe und Hass, wie sie speziell in familiären Beziehungen inszeniert wurden, dem Materiellen oder dem Physikalischen des Universum näher stehen als uns selbst.
Wir selbst kannten weder Missgunst noch Neid noch Eifersucht oder dergleichen.
Unsere ursprüngliche geistige Einstellung war Göttlicher Natur und stand weit darüber.

Daher, um uns selbst wieder gerecht zu werden, müssen wir bestrebt sein, die niederen Spielchen der unteren Ebenen entweder weitgehend zu meiden oder einfach darüber zu stehen.

Da die Spielebene der Familien überwiegend zur Zeugung sowie zur Erhaltung der Art entwickelt wurde, ist im menschlichen Dasein deren Bestand und ihr Schutz besonders für das Menschsein von Wichtigkeit.

Diese Ebene 2, der Familie, könnte auch ursächlich für jegliche als sozial angedachte und entsprechend wirksame Ebenen-Aktivität angesehen werden.

Aus ihr heraus wuchsen und entwickelten sich alle Maßnahmen die zum helfenden Füreinander und Miteinander bestimmend waren.

Als Geistige Wesen können wir uns jedoch nur dann vollständig darauf einlassen und darin aufgehend übereinstimmen, wenn und solange auch noch höherwertigere Ziele und Vorstellungen dieses Spielgeschehen der Familienstrukturen sinnvoll verbindend ergänzen. Diese sollten uns dann als füreinander verantwortliche Gemeinschaft voranbringen.

Religionsgemeinschaften mit ihren Hilfseinrichtungen sind dafür funktionierende Vorbilder, wenn die bedingungslose Liebe im Miteinander deren Triebfedern ausmacht.

Jegliche, ausschließlich dem Ego zuarbeitende, Denkweise steht dieser Zielrichtung krass entgegen.

Der „Absturz" auf die Ego-Ebene 1 bewirkt, dass Geistwesen sich im individualisierten Menschsein völlig verlieren.
Sie nehmen hier irrigerweise an, nur ein Mensch in einem Fleischkörper zu sein.
Als menschliches Ego besteht dann die Gefahr, noch weiter in Egoismus und tiefer noch in Egozentrik zu versinken.

Die Ziele dieser Ebene sind klein und eingeschränkt. Sie beziehen sich direkt auf Aktionen in unmittelbarer Nähe der vereinzelten Leute.

In diesem Spielbereich geht es nur um vergnügliche Spaßfaktoren und das nackte, materielle Überleben.

Beispielsweise wird der Besitz von toller Kleidung, Markenwaren, Autos, Häusern oder ... zur persönlichen Identifikation angestrebt.

Das, der Materie anhängende, Ego-Wesen versucht allein mit Dingen, seine Befähigung zum Überleben zu dokumentieren.

Auch das „Habenwollen" bis zum „Habenmüssen" von Körpern, sowohl dem eigenen als auch dem anderer, spielt sich auf dieser Ebene ab.

Der Besitz an anderen Menschen (Frau, Mann, Kind, Untergebene, Sklaven), sie zu haben, ist keine Betrachtungsweise der Familien-Ebene 2 sondern dieser unteren Ego-Spielebene.

Sex auf der Ego-Ebene 1 dient vorwiegend, geradezu ausschließlich, dem Vergnügen.
Der Spaß, den Menschlein hier mit Sex haben können, ist zwar nicht geringer als auf Ebene 2, doch wird mit aller Macht der Gedanke, die Verpflichtung zur Fortpflanzung weitgehend verdrängt.
Mit Verhütungsmitteln und -Techniken sowie der Abtreibung, werden ihm entsprechende Mittel und Wege entgegen gesetzt.

Allerdings, um dies deutlich werden zu lassen, damit ich nicht zu sehr missverstanden werde, kann das sexuelle Miteinander auch vitalisierend und sogar geistig erhöhend wirken.

Die Energien, die dabei frei werden, sollten mehr bedeuten als die ausschließliche Befriedigung niederer Instinkte.

Bei all dem „können" und „sollten" sei aber immer vorausgesetzt, dass Menschen sich in einem hohen Masse in geistigem Bewusstsein befinden müssen, um sich über die Stufe des tierischen Instinktes zu erheben.

Davon dürfen wir in unserem derzeitigen Seinszustand erst einmal nicht ausgehen. Denn leider sind die meisten von uns, noch viel zu sehr mit ihren Körpern verhaftet.

Deshalb meine Empfehlung: Mit den sexuellen Bedürfnissen kein wildes Unwesen zu treiben. Angst, Schmerz, Wut und Verluste sind sonst die Folge.

Und: Lass Dich nur mit Partnern ein, die sich, aus Deiner Sicht, auf halbwegs der gleichen geistigen Höhe befinden.
Jeder Austausch von sexueller Energie mit weniger bewussten Wesen, zieht diejenigen mit einem Mehr an Vitalität zwangsläufig abwärts.
Denn, die energetischen Niveaus haben das Bestreben, sich am kleinsten gemeinsamen Nenner einzupendeln.

Auf die gleiche Art und Weise gewinnen ältere Menschen an Kraft und Emotionalität, wenn sie sich mit jüngeren Artgenossen umgeben.

Wer sich seinem Ego ergibt, glaubt: Die Spielebene 1 ist das Wichtigste. Bald wird die Wesenheit jedoch bemerken, wie sie im zähen Morast der ausschließlichen Körperlichkeit und seinen Emotionen versinkt.

Die Fixierungen auf den Körper und das Materielle sind gleichbedeutend mit dem Verlust einer größeren Sichtweise.
Der geistige Horizont fällt in sich zusammen. Das Interesse an Neuem und an der Vielfalt des Lebens schwindet.

Die Egomanie, verbunden mit Egoismus und zunehmender Egozentrik, macht den Bereich Leben zur endgültigen Falle.
Bei den Egoisten und schlimmer noch bei den Egozentrikern schwingt sich übrigens der analytisch berechnende Verstand zum Alleinherrscher über den Körper auf. Das Seelenleben hungert regelrecht aus.

Es ist tatsächlich so, dass das Geistige Wesen, TAO, die Seele, sich aus solchen zombiehaften Lebewesen zurückzieht.
Robotismus macht sich breit, wenn das eigentlich starke Ego kollabiert.

Von nur noch aus strategischen Berechnungen bestehenden Robotern will die Seele nichts wissen.

Wenn Egoismus den Menschen auf sich selbst reduziert und Egozentrik die Aufmerksamkeitsanteile energetisch total in den fleischlichen Körper hineinpresst, ist ein Aus- und Aufstieg extrem schwierig.

Doch, um die Hoffnung nicht ganz zu verlieren: Niemals unmöglich!

Das starke Ego kann sich jederzeit wieder selbst bewusst werden und dadurch auch Bewusstheit für das eigene Selbst sowie für alle höheren Ebenen entwickeln.

Ein total bewusstes Sein setzt voraus, dass sich jemand möglichst vollständig, mit sehr hoher Aufmerksamkeit, energetisch sowie materiell im Hier und Jetzt befindet.

Jegliche gedankliche Abwanderung, jede Streuung von Aufmerksamkeit vermindert das bewusste Sein im HIER und JETZT.

Dies geschieht insbesondere durch nicht bewusste oder unbewusste (nie unterbewusste) Einflüsse aus der näheren oder weiteren Vergangenheit, durch Unfälle oder Krankheitserscheinungen mit mehr oder weniger Bewusstlosigkeit, durch Narkosen oder Hypnosen.

Durch tieftonige Emotionen wie: Wut, Schmerz, Angst, Trauer, Apathie, verlieren wir ebenfalls an bewusstem Sein.

Auch die intensive Ablenkung aus arbeitsbedingten oder sonstigen Erfordernissen setzt das Bewusstsein für die Gegenwart herab.

Die Einbindung des Geistigen in die Spiele des Lebens braucht einfach Aufmerksamkeit, die Energie für das Erleben.

TAO, die Seele, fordert nicht nur, sondern liefert auch Energieeinsatz, an allen Ecken und Enden des bewussten Erlebens.

Deshalb ist es durchaus sinnbringend, wenn wir uns in allen Ehren ab und zu von einem nutzlos gewordenen Körper verabschieden.

Wie uns auch die Bibel lehrt, Genesis 6,3, nun sprach der Herr:
„Mein Geist soll nicht für die Dauer im Menschen beengt sein, da auch er Fleisch ist; seine Tage sollen nur noch 120 Jahre sein."

Also macht es keinen Sinn dem menschlichen Dasein allzusehr anzuhängen.

Der Ausstieg aus dem berühmten „Rad des Lebens" beziehungsweise dem „Kreis der Notwendigkeiten" hat unser aller Ziel zu sein.

Vollständig bewusstes Sein erlangen wir sowieso nur über die von Wissensgewissheit geprägte, zweifelsfreie Erkenntnis:
TAO, eine Seele oder ein Geistiges Wesen zu SEIN.

Das starke Ego kann sich mit Hilfe dieser Erkenntnis auf jeder beliebigen Ebene wiederfinden und sich zu höheren Ebenen aufschwingen.

Der große Schwung, die Transformation, gelingt aber erst dann, wenn sich das Ego mit dem ursprünglichen Geistigen Wesen, dem eigentlichen Selbst, verbindet.
Dieses eigentliche Selbst hat allerdings, wie wir gesehen haben, viele verschiedene Aspekte geschaffen, um dem Spiel im Universum gerecht zu werden.
Welcher davon ist nun unser tatsächliches Selbst?

Dies auszusortieren ist unsere oberste Verpflichtung.
Wir müssen ganz „einfach" die erhabene Größe des Selbst in Bezug auf uns Menschen erkennen und anerkennen.

Wenn wir dieser, unserer wahren Größe gerecht werden wollen, müssen wir vollständig werden, als Körper, Geist und Seele harmonisch heil werden und schließlich heilig sein - in erster Linie im geistigen Sinne.

Selbsterkenntnis erlangen Suchende, Stück für Stück über eine Reihe von Spirituellen Rückführungen.

Beim Reisen durch den eigenen Verstand queren die Menschen Irrwege, finden dort Irrlichter und sitzen Irrtümern auf.

Eben diese Täuschungen gilt es einfach total bewusst wahrzunehmen und als solche zu erkennen. Ihnen zu begegnen, sie bequem zu konfrontieren und schließlich aus dem Weg zu räumen, ist die Aufgabe des Wanderers. Diese Aktion ist notwendig, denn jede nicht bewältigte Täuschung führt schließlich zur Enttäuschung, wenn sie eine zu lange Zeit als falsche Hoffnung voran getragen wird.

Erst in diesem Zeitpunkt, wenn wir tatsächlich „ständig wir selbst" sein können, gewissermaßen selbstständig reinsten Wassers, finden wir auch zu unserer wahren, ursprünglich angelegten Selbstbestimmung.

Wir wissen sodann unerschütterlich, mit absoluter Wissensgewissheit, Bescheid über den Sinn des Lebens und unsere Aufgabe im universellen Spielgeschehen.

Genau darin, im Vermitteln oder in der Erkenntnis dieser Wissensgewissheit, besteht das vorrangige Ziel von kommunikativ geführter, Spiritueller Rückführung.

Dieses geniale Werkzeug wurde den Menschen auf der Spielebene 1, der Ego-Ebene zugespielt (damals im System Atalant).

Es wurde den Druiden des TAO zu treuen Händen überlassen - von wem auch immer, von wo auch immer.

Jetzt gilt es nur noch, es so oft und intensiv wie möglich anzuwenden.

Die Aufgabe der Druiden als Spirituelle Rückführer besteht darin, mit dem Werkzeug verantwortungsvoll umzugehen und sinnbringend damit zu arbeiten.

Übrigens:

Wer bis hierhin immer noch annimmt, ich hätte die Spielebenen von oben nach unten einer Wertung unterzogen, der irrt.

Ich habe lediglich versucht deren Bedeutsamkeit sowie deren Größenordnung im zeitlichen Ablauf und in der relativen Entfernung zu TAO darzulegen, zu uns Geistigen Wesen (Ebene 7) beziehungsweise zum Göttlichen (Ebene 8).

Jede der Ebenen ist auf ihre Art wichtig, sie gehören einfach zum „Großen Spiel" in dieses Universum.
Nur im harmonischen Miteinander aller acht Ebenen ist das Spielgeschehen vollständig. In deren Erkenntnis und in ihrer Anerkenntnis sind auch wir, die Akteure, vollständig.

Deshalb sollte sich auch niemand nur allein auf die Wichtigkeit einer Ebene festlegen oder wir uns ausschließlich darin binden lassen.
Jegliche der, sowohl in sich geschlossenen als auch nach außen offenen, Ebenen sollte von uns weitgehend harmonisch gestaltet sein. Eine als pulsierend darstellbare Harmonie sollte zugleich einkehren, in Bezug auf alle acht Ebenen.

Das heißt, die Person muss, um im Leben wahrhaft glücklich zu sein, mit sich selbst sowie mit allen anderen, Menschen wie Lebewesen, dem Kosmos und den Geistwesen, im Reinen sein.

Und, ganz wichtig:

Wir dürfen niemals den geradezu tödlichen Fehler begehen, all diesen Spielverläufen zu viel Ernsthaftigkeit beizumessen.

Dennoch Achtung:

Die Art und Weise der Vorstellung, dass wir in Wahrheit Geistige Wesen sind, ist auf dem Planeten Erde weder erwünscht noch erlaubt.

Jene Wesenheiten, die uns derzeit klein zu halten versuchen, die den Gefängnisplaneten als Aufseher kontrollieren, wollen schließlich ihre willigen Konsum- und Arbeitssklaven nicht verlieren.

Wer hier trotzdem die bewusste Erkenntnis zulässt, in Wahrheit TAO, eine Seele zu sein, nicht nur eine zu haben, sollte sich darauf gefasst machen, dass sein irdisches Leben zeitweilig aus den Fugen gerät.

Dies ist allerdings, wie schon früher immer wieder einmal, ein vorübergehender Zustand.

Bei fortgesetzter Aufrechterhaltung unserer Wissensgewissheit stabilisieren wir uns als Geistwesen auf einem weitaus höheren Niveau.

Wiedergewonnene, insbesondere geistig hohe Fähigkeiten machen uns selbstbestimmt und selbstständig.

Sie ermöglichen uns schließlich die eigenständige Spielführung, als die ursächlichen Redakteure des Seins, sowohl die des eigenen Erlebens als auch die der Umgebung.

Mein dringlicher Wunsch ist:

Beende für Dich den Kampf im Spiel des Lebens, schließe Frieden, mit Dir selbst und mit allen acht Ebenen.

Ausschließlich auf diese Art und Weise wirst Du dann weder fremdbestimmt von anderen gelebt, noch musst Du täglich um Dein Überleben bangen und selbst versuchen, andere zu manipulieren.

Nicht das krampfhafte Überleben als Lebewesen sondern das Leben und insbesondere Erleben als Geistwesen sollte die vorrangige Devise für ein angenehmes Spielgeschehen sein.

Bleibe deshalb unbedingt friedfertig, tolerant und verständig, auch und vor allem zu Leuten deren Horizont noch nicht so weit geöffnet ist.

Und nochmals Achtung:

Jegliche Angst, jeglicher Protest sowie der geringste Zweifel führen zum erneuten Absturz.

Die unumstößliche Wissensgewissheit ist die einzige Chance für den Aus- und Aufstieg.

**Für jeden der das Leben
in voller, bewusster Absicht
wirklich wagen will,
habe ich als
machtvolles Werkzeug
zum Neustart,
zur Erweiterung des
„Großen Spiels"
im Anschluss den:
NEUSTARTER.**

NEUSTARTER für TAO

die wahre Person selbst, das Geistige Wesen, die Seele, das „Ich bin".

Der Weg zum absichtsvollen, ursächlichen Wesen führt unter anderem über Werkzeuge wie den NEUSTARTER.

Es gibt schlimme Mechanismen (insbesondere geistige Einpflanzungen = Implants), die jemanden klein und unbedeutend halten sollen. Sie sind darauf ausgelegt uns der Unterdrückung durch andere ebenso willenlos auszusetzen wie jeden Einzelnen durch sich selbst.

Die Worte des hinterhältigsten Implants lauten:

„Andere ins Unrecht setzen!"

Er funktioniert, indem wir unser Denken und Tun selbst rechtfertigen, hingegen unsere Mitmenschen fortwährend für deren Tun beschuldigen, uns dabei aber dennoch irgendwie schuldig fühlen.

Solche Einpflanzungen sitzen tief in unseren Denkweisen fest und halten uns wie mit einer geistigen Klammer.

Einzig die Kenntnis über solche Mechanismen kann uns davon befreien.

Indem wir uns wie in einem Spiegel betrachten, uns vor Augen halten, wie unsere Denkvorgänge konstruiert sind, erhalten wir die Chance dem „teuflischen Dämon" zu entrinnen.

Die mentale Einstellung ist für unser Erleben absolut entscheidend.

Wir leben nämlich in einem imaginären Weltgeschehen voller subjektiver Betrachtungsweisen, entstanden aus Absichten und Gegenabsichten.

Die eingebildete Erscheinungsform unseres Daseins lässt sich erklären.
Wir müssen den Begriff der Einbildung nur einfach wörtlich nehmen.

Richtig definiert bedeutet dies nämlich:

Sich ein Bild von etwas machen.

Diese Bilder sind keineswegs zwangsläufig phantastisch oder gar irreale Halluzinationen.

In Wahrheit sind die Bilder lediglich eine ganz brauchbare Abfolge von persönlichen Anschauungen sowie von sehr realistischen Übereinstimmungen, zwischen allen oder zumindest mehreren Personen.

Wir nehmen per Kommunikation ähnliche oder gleiche Blickwinkel, Gesichtspunkte oder Sichtweisen ein und gestalten aus dem, was wir auf diese Art und Weise beobachten können, die gemeinsame Realität.
Solche Bilder, die aus diesen Denkenvorgängen hervorgehen, die sich jemand einbilden oder vorstellen kann, sind auch realisierbar.
Es bedarf lediglich zusätzlich des Tuns, also entsprechender Aktivitäten.

Im Laufe der langen Zeiten haben sich allerdings eine ganze Menge Bilder im Verstand festgesetzt die für das heutige Lebensumfeld unbrauchbar sind, aber die leider immer noch wirksam sind.

Besonders ein so genannter „Reiz-Reflex-Reaktions-Mechanismus" sorgt für solche Bilder, beispielsweise auch für Krankheitsbilder (wohlgemerkt, dies sind nicht einfach Krankheiten, sondern deren Bilder – mit allen Eindrücken, Wahrnehmungen und Emotionen!).

Dieser Mechanismus hält das Bildmaterial aktiv, obwohl unser Verstand oder auch wir Selbst genau wissen, dass diese verschrobenen Bilder uns in heutiger Zeit nur Schaden bringen.

Diese bildhaft gemachten Betrachtungsweisen sowie damit verbundene, althergebrachte Postulate müssen die Menschwesen erst loswerden, um geistige Freiheit erlangen zu können.

Ja, sogar Postulate von TAO selbst, hängen uns in schädlicher Art und Weise nach. Dies sind überaus wirkungsvolle Schlussfolgerungen, Entscheidungen oder Entschlüsse die von einer Person aufgrund eigener Selbstbestimmung gefasst und gegenwärtig gemacht wurden.

Zur Ablösung solcher „Gummibänder" gibt es Spirituelle Rückführung.

Wer sich allerdings schon mal alleine, Stück für Stück aus dem Sumpf seiner Dramatisationen, befreien möchte, dem sei die Vorgehensweise des NEUSTARTER empfohlen.

Setze Dich jetzt einfach bequem hin und sage zu Dir selbst, als TAO, die Seele die Du bist, oder als das **„Ich bin"**:

> **„Ich bin"** in der Lage,
> alle Abläufe im Universum
> zu steuern und zu dirigieren.

> **„Ich kann"** alles tun was
> ich will, völlig uneingeschränkt
> und frei.

> **„Ich kann"** tun was immer
> mir beliebt Schlechtes ebenso
> wie Gutes.

> **„Ich bin"** stark, machtvoll,
> unverwundbar und
> unangreifbar.

**So denke ich über mich,
ganz gleich,
was auch immer geschieht!**

Denke einfach von Dir selbst in diesen Begriffen:

**Der NEUSTARTER fängt an,
Dir mehr und mehr
Kraft zuzuführen.**

Stelle Dir einfach immer und immer wieder vor so zu sein und diese Befähigung zu haben.

Tue es jetzt:

Denke von Dir selbst in diesem ungeheuer großen Rahmen!

In dem gleichen Moment, wo Du anfängst, Dir dies uneingeschränkt vorzustellen, donnerst Du in alte Bilder und Postulate hinein.

In diesen entschuldigst Du nur die Tatsache, versuchst sie einfach nur zu rechtfertigen, dass Du in der Vergangenheit nicht bereits mit diesem Kraftpotenzial gearbeitet hast.

So wirst Du Deine eigenen, althergebrachten Denkstrukturen dagegen aufbringen, weil diese mit hineinspielen wollen, etwas gegen das Neue zu setzen versuchen.

Doch dann, bei fortdauernder Übung, wirst Du das, was Dich ausbremst, einfach vom Tisch wischen und - die Hemmnisse verschwinden auf ewig.

Mit dem NEUSTARTER hast Du Deine Kraft voll aufgedreht.

> **Du weißt: Du kannst das ganze Universum umspannen.**

> **Du weißt: Nichts und niemand kann Dich stoppen.**

> **Du weißt: Du kannst ungeheuer expansiv sein.**

> **Du gehst einfach mit dieser nach vorne gerichteten Kraft los,**

> **ohne übermäßige Anstrengung zu benötigen.**

Du wirst in die schrägsten Vorstellungen und irrsten Betrachtungen hineinlaufen und diese werden sich nach anfänglichem Protest einfach nur auflösen.

Das ist ein automatisch wirkendes Mittel, die einprogrammierten Information in der Körpereinheit neu zu informieren, umzuprogrammieren und damit den Verstand zu reinigen!

Du fragst Dich sicher:

„Wie viele Stunden muss ich mich hinsetzen und so etwas denken?"

Antwort:

Es ist bei jedem immer ein wenig anders.

Aber, es ist ein verhältnismäßig einfacher Mechanismus, der alle voran bringt.

Vorausgesetzt Du bist wahrhaft bereit, mit entsprechender
Disziplin
ausdauernd zu üben.

**Der NEUSTARTER transformiert jeden Menschen auf den Weg zu TAO, dem Geistigen,
zu ursprünglicher Befähigung und Kraft.**

Dies ist die Funktion des Mechanismus:

Du studierst Dein eigenes Selbst ein wenig und wirst es plötzlich tatsächlich finden.

Es ist nicht nur sehr einfach sondern auch sehr wichtig, da einmal hinein zu schauen.

Felsenfest und ohne jeden Zweifel, zu wissen, dass der Mechanismus zur Freisetzung von TAO, der Seele, funktioniert, dies bringt uns ganz einfach tatsächlich zur Wissensgewissheit über die allgemeinen sowie über die eigenen Fähigkeiten.

Damit können wir alles erreichen, alles wissen was es zu wissen gibt, vollkommen in der Lage sein jegliche Arbeit kompetent zu machen und jeden Sport erfolgreich auszuüben, der zu uns passt.

Sogar, wenn jemand sich in einem solchen Augenblick dazu entscheiden würde gut auszusehen, schön, stark, gefährlich oder machtvoll zu sein - dann verändert sich dessen Gestalt oder sein Gesicht.

Vergiss niemals:

Wir befinden uns im „Großen Spiel", nicht nur des Lebens. Das Spiel hat unter anderem Regeln mit denen wir alle übereingestimmt haben. Es muss mit Respekt, mit Verstehen, Verständnis und verantwortungsvollem Vertrauen zueinander ablaufen. Jedoch, zu viel Ernsthaftigkeit im Spiel wirkt unweigerlich tödlich.

Deshalb, immer und immer wieder:

Nur wer seinen Spielgeist verliert, ist verloren!

Die schnelle **Transformation vom Ego zu TAO** wird uns nur mit einer gehörigen Portion an Selbstvertrauen, Humor und Verständnis füreinander gelingen.

Wahrhaft gelebte Leichtigkeit und eine enorme Schaffenskraft sind die Folge der konsequenten Anwendung des machtvollen NEUSTARTERs.

Der Spirituelle Rückführer (Druide des TAO) trägt die Verpflichtung, seinen Hilfesuchenden ihren Spielgeist wiederfinden zu lassen.

Denn die gelebte Leichtigkeit und die für das lebendige Spiel nötige Schaffenskraft, kann man ausschließlich im Geist des Spielens entwickeln und auf Dauer halten.

TAO
die Weltanschauung

Wir alle sind TAO, die Seele, der „Göttliche Funke", das Geistige Wesen, die „Person selbst", das „Ich bin".

Über die religiöse Maßnahme der Spirituellen Rückführung, finden wir den bewussten Zugang zu unserem ureigenen Selbst, zu **TAO**, dem **Göttlichen Ursprung**.

Ziele der Gemeinschaft der DRUIDEN des TAO

> Mehr Lebensqualität und Wohlstand für alle Menschen

> Harmonie, Glück und Wohlbefinden sowie Zufriedenheit

> BewusstSein, bewusstes Sein im Dasein, im HIER und JETZT

> Individualität, Selbsterkenntnis und Selbstbestimmung

> Erhöhter Selbstwert, Ehre und Stolz des Individuums

> Gegenseitiges Verstehen, Respekt und Anerkennung

> Mehr Verständnis und offenherzige Gesprächsbereitschaft

> Ein friedvolles Zusammenleben aller Menschen und Lebewesen

> Vermehrte Sensibilität, ausgeprägte religiöse Spiritualität.

TAO setzt sich ein - für die Rückkehr der Seele, der „Person selbst", dem Geistigen Wesen, dem „Göttlichen Funken" als dem wahren "Ich bin" des Seins, in den Alltag des Lebens.

TAO bildet die Plattform für geistig spirituellen Austausch mit allen anderen religiösen Formen und Religionen.

Im Rahmen kommunikativen Zusammenseins, der geistigen Verbindung, bildet TAO die Basis für eine gemeinschaftliche Zukunftsgestaltung.

TAO fördert und verstärkt die Zusammenarbeit geistiger Kräfte in der Gesellschaft.

Durch die Verbreitung dynamisch ethischer Werte bemüht sich TAO dabei um gegenseitiges Verstehen, Respekt, Vertrauen, Akzeptanz und nicht zuletzt Verständnis.

DRUIDEN des TAO sind Wissende, die sich selbst als hilfreiche Berater der Menschen sehen.

Druiden des TAO mischen sich immer dann ein, wenn Unterdrückung droht oder herrscht und wenn Menschen in Not sind.

Druiden des TAO schaffen die Basis für religiöse Spiritualität im HIER und JETZT, damit unser aller Zukunft lebenswerter wird.

Die Gemeinschaft der Druiden des TAO wäre möglicherweise, in den Begriffen des Planeten Erde, wie eine „katholische Verbindung".

Der Begriff des Katholischen leitet sich nämlich aus dem Griechischen her: katholikos < kata „über ... hin" + holos „ganz" also „Allumfassend", hier gleichbedeutend mit „universell".

In diesem katholischen Denkrahmen wurde beziehungsweise wird nicht nur auf Planet Erde geglaubt!

TAO über TAO

Weit über hundert Spirituelle Rückführungen, in den letzten, gut 20 Jahren, haben mich davon überzeugt:

Es gibt nur eine ursprüngliche Religionsform im Universum, nur einen Ursprung für alle religiösen Betrachtungen.

Unabhängig von dem genaueren Wissen über den Taoismus hat sich mir TAO aus Spirituellen Rückführungen offenbart.

So konnte ich folgende sieben ursächliche Gemeinsamkeiten entdecken:

1) Es gibt ein GöttlichSein,
weder Er noch Sie noch Es, ausschließlich Sein.

2) GöttlichSein ist kein Bestandteil irgendeines Universum, nicht des unseren noch von anderen.

3) Liebe und Licht (hochwertige, energetische Prinzipien) entsprechen dem GöttlichSein.

4) Das GöttlichSein kreiert aus sich heraus Geistiges, zur Schaffung von Universen oder dergleichen.

5) Das Geistige findet sich in entsprechenden Wesenheiten, von Elementen bis hin zu Individuen.

6) Aus dem GöttlichSein entspringt jegliches Energetische, hervor gerufen durch das Geistige.

7) Das Energetische dient den Geistigen Wesenheiten als „Baumaterial", durch Umwandlung in kosmische Energie und Materie.

Das GöttlichSein hat sich mir erschlossen als TAO.
So entstanden die nun folgenden Erkenntnisse.

Wir alle sind das Geistige TAO, die Seele oder das Geistige Wesen, der „Göttliche Funke", die „Person selbst", das „Ich bin" oder wie auch immer man sich benennen will. Das Miteinander in TAO ist weder eine Kirche noch eine organisatorisch geführte Glaubensgemeinschaft.

TAO ist einfach jedes Wesen, ohne es extra dokumentieren zu müssen.

„Du bist TAO, auch wenn Du von Dir nicht sagst, dass Du TAO bist oder sagst, dass Du nicht TAO bist.
Immer und immer bleibst Du TAO."

Göttliches TAO, den Göttlichen Ursprung, den Zugang zu unserem ureigenen Selbst finden wir völlig bewusst über die religiöse Maßnahme der Spirituellen Rückführung.

Im nun Folgenden werden uns diese drei Buchstaben immer wieder einmal begegnen:

T und **A** und **O**.

Man kann sie als ganzes Wort lesen oder tatsächlich als einzelne Buchstaben wahrnehmen.

Ich nutze hierfür Irdisches, um im Rahmen der hier gültigen Begriffe verstanden zu werden.

TAO, bestehend aus den Buchstaben:

T > Dieses große T verkörpert ein Urkreuz, das griechische und hebräische Tau.
Es ist verwandt mit dem ägyptischen Henkelkreuz, dem Ankh, dem Symbol für Heiligung und Weihung.

A > Griechisch Alpha, vom semitischen Aliph oder Aleph, was Ochse oder Stier heißt.
Der Stier ist das erste Zeichen im astrologischen Tierkreis.

Der erste Buchstabe im Alphabet ist das A, das Symbol für den Anfang.

O > Griechisch Omega, ist der letzte Buchstabe im griechischen Alphabet. Es ist das Symbol für das Ende.

Das O ist zugleich ein Kreis, oder eine Kugel, das Symbol für Unendlichkeit und Universalität, ohne Anfang und ohne Ende, der Inbegriff des Vollkommenen.

Ein Punkt im Kreis bedeutet die manifestierte Idee.

TAO ist die ursächliche Vernunft

im Chinesischen ebenso wie bei uns Atalantern.

Dies ähnelt nur entfernt dem Geister- und Ahnenkult des Taoismus. Taoismus ist heute eher eine mystisch-buddhistische Religion. Unter anderem ist dort die Natur von übergeordneter Göttlichkeit.

Ich will hier nicht aufrufen, dass jemand den Glauben an seinen „lieben" oder einen „strafenden" Gott oder an ganze Götterdynastien aufgibt.

Mein Bestreben ist einfach, aufzuzeigen wie sich uns, den Atalantern sowie den Druiden des TAO, über die Anwendung Spiritueller Rückführung, eine ursprüngliche Göttlichkeit offenbart hat.

Uns ist dabei der Begriff und die Idee von TAO zugespielt worden.

Um TAO erklären und erfassen zu können, müssen wir uns von herkömmlichen Denkstrukturen etwas lösen.

Es ist für mich auch nicht einfach, Worte zu fügen, wo menschliche Wortgebilde unzulänglich bleiben.
Dennoch versuche ich, die Idee von TAO nahe zu bringen.

So fange ich einfach mal an:

TAO ist das ursprünglich Göttliche, unser aller Ursprung.
Er/Sie/Es ist TAO wie auch wir TAO, das Geistige, sind.

Wir sind die ursächliche Schöpferkraft für alle Dinge und Geschehnisse im Universum.

Aus dem Ursprung heraus, hat TAO uns entsandt oder uns gehen lassen. Wir sind somit alle Kinder des Ursprungs, von TAO.

Beim „Gehen" haben wir uns allerdings nicht wirklich räumlich entfernt.
Nur diese gedankliche Vorstellung davon erhält seitdem die Illusion aufrecht. Wir sind also weiterhin in oder bei TAO.

Allerdings haben wir es geschafft und entsprechend geschaffen ein „eigenes" Umfeld zu kreieren. Seitdem gibt es das „Große Spiel", mit dem bipolaren, physikalischen Universum als Spielfeld.

Unabhängig davon tragen wir in unserer gedanklichen Vorstellung, jeder für sich, ein selbst aufrecht erhaltenes Universum, den „inneren Kosmos".
Daraus resultieren unser aller Weltsicht und die Übereinstimmungen mit den anderen Universen anderer Geistiger Wesen.

Nur deshalb können wir behaupten, ein gemeinsames Universum, einen gemeinsamen Kosmos zu bevölkern.
Der innere Kosmos ist gleichbedeutend mit dem Denken, dem Sprechen und dem Handeln.

Alle Erinnerungen und irgendwie gespeicherten Daten im Körper, im Energiefeld sowie im Verstand bilden das Universum des Denkens, den uns innewohnenden kosmischen Vorstellungsrahmen.

Alles was in diesem unmittelbaren oder auch weiter entfernten Einflussbereich geschieht, sich abspielt, unterliegt dem von uns selbst ausgehenden Gesetz von Ursache und Wirkung.

Dieses Wirkungsfeld ist wesentlich größer als wir es uns mit dem menschlichen Verstand vorzustellen vermögen.

TAO ist die gemeinsame Richtschnur, der kleinste gemeinsame Nenner, womit wir das „Große Spiel" am Laufen halten.

Über TAO im ich und TAO im Du sowie TAO im wir und darüber hinaus, also TAO im allumspannenden und alldurchdringenden Göttlichen, finden wir zur Vollendung der kosmischen Zusammenhänge.

Es gibt in Deinem eigenen Kosmos keinen Gott außer Dir!
Du bist TAO, der einzige, für Dich gültige Gott.

Manche von uns haben ihre Göttlichkeit einer Gruppe von Lebewesen übermittelt.
Sie wurden deren Gottheit, in Übereinstimmung mit deren Welt und deren Anschauungen vom Leben.

So entstanden ganze Götterdynastien.

Deshalb erstreckt sich Deine Verantwortung auf alles was Du denkst, sagst und tust sowie zu dem, was Du entsprechend unterlässt oder zulässt, dass es gedacht, gesagt oder getan wird.

So kann auch niemand außer Dir selbst Dich für Dein Lebenskonzept zur Verantwortung ziehen oder Dir Schuld zuweisen.

Deine Schuldfähigkeit bezieht sich somit immer auf Dein Schuldbewusstsein.

Stimmt diese Art des Bewusstseins nicht mit dem anderer überein, bleibt Dein Kosmos frei von Schuld und Schulden.

So kannst nur Du Ordnung schaffen und für Ordnung sorgen, in Deinem Kosmos sowie in Deinem gelebten Umfeld.
Dennoch: Du kannst Dir Selbst nicht gerecht werden, wenn Du die Göttlichen Prinzipien des TAO aus den Augen verlierst.

TAO ist das Prinzip der höchsten Liebe, in Einheit mit

>>>
höchster ethischer Vernunft
höchster Verantwortung
höchster Kreativität
höchster Ästhetik
>>>

TAO steht somit für:

> \> Liebe
> \> Ethik / Vernunft
> \> Ästhetik
> \> Ordnung

> Wissen
> Kreativität
> Erschaffen
> Gemeinschaft
> Miteinander
> Respekt
> Toleranz
> Verständnis
> Verstehen
> Macht
  (Kraft, Stärke, Energie)
> Spielgeist

Wer sich davon entfernt verliert, verliert, verliert, ... seinen Spielgeist.

Er verliert letztlich den selbst gestalteten Sinn seines Lebens und damit das „Große Spiel", verliert sein Selbst.

Der Verlust der Beseelung durch TAO, der Verbindung zum Göttlichen sowie zu sich selbst, ist nicht etwa etwas fiktiv Böses sondern einfach zunehmende Leere.

Gut und Böse sind sowieso nur zwei Seiten einer Medaille, Betrachtungen mit denen wir das „Spiel des Lebens", einer Variation des „Großen Spiels", am Laufen halten.

Wer Gut und wer Böse ist entscheidet die jeweilige Gruppe, der Du angehörst, als individualisiertes TAO-Wesen.

Der gemeinsame Kosmos von Gruppierungen regelt die Betrachtungsinhalte.

Was in diesem Zusammenhang gerade „In" oder „Out" ist kann sich im Laufe der Zeit gravierend wandeln.

So war das Essen von Menschenfleisch bei früheren Kulturen, heute sagen wir: primitiven, etwas völlig Normales.

Wir können uns dies, aus heutiger Sicht, gar nicht mehr vorstellen. Unser sittliches Empfinden und unsere Moral haben sich verändert.

Damit sind, erst im Nachzug, auch unsere Gesetze ganz andere geworden.

TAO in der Transzendenz

Allgegenwart, Allmacht, Allvernunft, ... - dies wird Gott zugeschrieben und soll ihn verkörpern. TAO ist jedoch nicht einfach Gott.

Gott, wie wir ihn vermittelt bekommen, ist lediglich ein Aspekt von TAO.

TAO ist:
> ohne Raum
> ohne Materie
> ohne Energie

> ohne Zeit
> ohne Gestalt
> ohne Identität

TAO ist kein Bestandteil dieses Universum aus Materie, Energie, Zeit und Raum. TAO ist daher weder von Raum noch von Zeit abhängig.
Er/Sie/Es TAO ist weder im Raum präsent, noch spielt Zeit für TAO eine Rolle.

TAO ist riesengroß und winzig klein zugleich. TAO enthält jegliche Idee von Universen ohne jedoch deren Behälter zu sein.

TAO ist unendliches Wissen. Wobei Unendlichkeit für TAO sowieso nicht relevant ist, da dies ein Begriff aus einem endlichen Dasein ist.

So wie wir, als Geistiges Wesen, selbst TAO sind, sind wir sowohl in TAO, dem Göttlichen, als auch in Verbindung mit TAO, unserem Ursprung.

Das bedeutet aber auch, dass wir in ständiger Verbindung mit all den anderen sind, die ebenfalls TAO sind.
TAO kann, aus unserer Sicht, als große, unbegrenzt große Gemeinschaft gelten, die wiederum die Ganzheit von TAO darstellt.

Diese Verbindung ist selbstverständlich nicht ausschließlich auf den Bereich der Lebewesen beschränkt.

Darüber hinaus sind wir, das Geistige TAO, ebenso wie das Göttliche TAO, mit allem und jedem in Verbindung, in ständiger Resonanz.

Ich habe mich TAO noch aus einem oder mehreren weiteren Standpunkten heraus genähert.

Hier kommt daher jetzt TAO, das "Ich bin":
TAO das Göttliche und wir, TAO das Geistige, sind eins.
Jeder von uns lebt sein Dasein, nur ein einziges Dasein seit unglaublich langer Zeit, lediglich in wechselnden Körpern. Das "Ich bin" ist TAO, die Person selbst, das Geistige Wesen, gelebte Göttlichkeit im Hier und Jetzt.
Der Sinn des ewigen Daseins besteht einfach darin, das "Große Spiel" zu spielen, ihm einen möglichst hochwertigen, selbstbestimmten Sinn zu geben.

Über die Zeiten haben wir selbst uns auf das "Rad des Lebens" geflochten.

Seitdem erleben wir jeden Abschnitt von: Geburt, Leben, Sterben und Tod.

Genau diesen Sinn geben wir jedem Teilbereich des Lebens, bewusst oder nicht bewusst.

Dreieck des "Ich bin"

Es lässt uns erahnen, wie sich TAO, zumindest das Geistige Wesen, mit dem Kosmos verbindet und dennoch ganz es selbst bleibt.

Alle Eckpunkte zusammen genommen ergeben in der Mitte das Entscheidende, die **Liebe**.

Ich liebe!

Ich liebe mich   **Ich liebe Dich**

Ich liebe euch

Leichtigkeit
des "Ich bin"

Liebe
die "Ich bin"

Lebendiges   **Licht**
mit dem „Ich bin"   das „Ich bin"

Beispielsweise ausgehend von der **Leichtigkeit** des Seins, gelingt es uns, den Spielgeist zu behalten.

Diesen Spielgeist haben wir vom Göttlichen TAO mit auf den Weg bekommen.

In Leichtigkeit, die uns einfach eher entspricht als ihr Gegenteil, die Wichtigkeit, mit Gewicht und Schwere im Schlepptau, ist ein Attribut von TAO.

Wenn es heißt: „Nimm Dich doch nicht so wichtig!", dann ist damit die Aufforderung gemeint, man soll sich aus der Schwere des Daseins ins eher Geistige erheben.

Die Person kann dann anfangen, wieder einmal zu schweben, wie es nur Geistige Wesen hinbekommen.

Nicht von ungefähr werden sowohl Gespenster im Schwebezustand dargestellt als auch Engelswesen mit Flügeln, die ihnen sicherlich das Fliegen ermöglichen können.

Gelebte Leichtigkeit erleben manche von uns in so genannten Flugträumen. Darin wissen wir unzweifelhaft wie es funktioniert und wie es sich anfühlt.
Wenn keine allzu harte Landung mit hinein geträumt wird, empfinden wir deutliche Glücksgefühle für den ganzen darauf folgenden Tag.

Versucht doch einfach einmal derartigen Emotionen nachzuspüren, sie zu halten und damit selbst eure Tage zu gestalten.

Lebendiges mit dem „Ich bin" bedeutet: Alles, was wir als Leben erfahren, hat seinen Ursprung im Geistigen oder vom Geistigen.
Vitalität ist die Lebendigkeit mit der das Erleben erst lebenswert wird.

Das Leben als Geistiges Wesen ist in diesem Zusammenhang kaum vom Leben als Lebewesen zu trennen.
Es handelt sich lediglich um eine Erweiterung der Skala der Emotionen, wenn wir uns ins dramatischere Dasein von Lebewesen begeben.

Wir sollten uns nicht darüber aufregen, oder vielleicht gehört gerade das auch dazu, wenn es uns als Lebewesen so schlecht geht.

Schließlich haben wir es irgendwann einmal so gewollt.
Wir mussten uns ja in den Hexenkessel niederer Gefühle stürzen, von Wut über Schmerz abwärts bis in den Tod, weil uns dieser Überlebenskampf geradezu magisch anzog.

Seine Faszination wurde allerdings zur Belastung, als wir bemerkten, dass der Kampf ums Überleben uns nicht mehr losließ.

Inzwischen erlitten wir Verluste, die wir anfangs wieder auszugleichen versuchten, wie es Spielgeister eben so drauf haben.

Als das Verlustempfinden jedoch in schwerwiegende Verantwortung für die geschädigten Körper umschlug, waren wir verloren.

Wir hatten das Spiel verloren!

Nun denn, machen wir das Beste daraus. Arrangieren wir uns auch mit der Lebendigkeit von Körpern und schenken ihnen die Vitalität, die sie über den Zustand von „Überleben müssen" hinaushebt.
Gönnen wir doch den Körperlichen und uns gleichermaßen das Erleben im Hexenkessel.

Kosten wir das Lebendige mit allen nur möglichen Facetten aus und bleiben dennoch völlig bewusst TAO, das Geistige Wesen.

Dem **Licht** Raum zu geben, war eine ursprüngliche Aktion des Geistigen.

„Am Anfang war das Wort!" heißt es in der Schöpfungsgeschichte der Bibel.

Doch gleich nach dem gewaltigen Wort, der ersten Schwingungsqualität im Universum, kam sicherlich das Licht.

Jenes Licht vom Ursprung hat noch vieles mit dem Göttlichen TAO gemeinsam. Seine Klarheit ist erhaben und strahlend.

„Ich glaube, dass wir einen Funken jenes ewigen Lichts in uns tragen, das im Grunde des Seins leuchten muss und welches unsere schwachen Sinne nur von Ferne ahnen können.
Diesen Funken in uns zur Flamme werden zu lassen und das Göttliche in uns zu verwirklichen, ist unsere höchste Pflicht."

Johann Wolfgang von Goethe

„Unsere Sache ist es, den Funken des Lichts festzuhalten, der aus dem Leben überall da hervorbricht, wo die Ewigkeit die Zeit berührt."

Johann Christoph Friedrich von Schiller

Mit dem Licht haben wir einen Wegweiser in dunkler Nacht.
Es vertreibt zudem die Dunkelheit, wenn es sich ausbreitet.

Wo immer wir helles Licht wahrnehmen, weicht das Dunkel.

Das Dunkle, womit viele das Böse meinen, wird von einem Lichtstrahl in seine Schranken gewiesen.
Vampire, Dämonen, teuflische Mächte scheuen das Licht, wie uns die Mythen erzählen.

Wenn wir Licht in unser Herz lassen, können wir uns sicher und geborgen fühlen.

Licht wird auch mit Wärme und Behaglichkeit, mit dem Wohlbefinden in einer angenehmen Umgebung gleichgesetzt.

Weniger nett sind die Irrlichter. Sie können uns verleiten in falsche Richtungen zu gehen.
Fehlleitungen oder Verleitungen sind an der Tagesordnung, wenn wir nur an die Lichtwerbung denken.

Auch sollten wir auf Planet Erde vorsichtig mit dem Licht umgehen, das uns nach dem Verlassen des Körpers lockt.

Hier haben wir es mit dem Bestandteil eines Fallensystems zu tun; dem sollten wir nicht vertrauen.

Blendendes Licht, im Sinne von sehr hell oder auch im Sinne von Verblendung, und allerlei Lichtwesen führen uns dann in Versuchung.

Gehen wir in diese Falle, so werden unsere geistigen Einpflanzungen aufgefrischt und uns werden die Erinnerungen an frühere Leben genommen.

Ich weiß, dass ich mit diesen Aussagen in heftige Widersprüche hinein laufe.

Doch aus meinen Erfahrungen mit den Spirituellen Rückführungen habe ich einfach die Verpflichtung, darüber aufzuklären und Auswege aufzuzeigen.

Deshalb: Nach dem Verlassen des Körpers macht es keinen Sinn, den Verlockungen der Ahnen, den himmlischen Klängen und dem Licht allzu leichtgläubig nachzugeben.

Versucht bitte zu widerstehen und lasst euch erst einmal in einem Baum oder an einer Quelle oder dergleichen nieder.

Überdenkt eure Situation und lasst Zeit, sehr viel Zeit verstreichen. Ihr habt alle Zeit der Welt, um euch zu orientieren.

Dann erst vollzieht die Wiedergeburt so, wie ihr es zur Bereinigung von Karma für richtig haltet und wo ihr es euch wünscht.

Es muss auch nicht gleich ein menschliches Lebewesen euer nächster Wirt sein.

Nichts desto weniger, lasst euch nicht das gute Gefühl verderben, das ihr zu Lebzeiten mit dem Licht um euch herum habt. Dieses Licht ist kraft- und lebenspendend, ganz hervorragend geeignet eure Vitalität anzuregen.

Sowohl die Sonne als auch etliche künstliche Lichter regen das Wachstum von Körpern an und lassen den Esprit, den Intellekt in seiner Bewusstheit, sich entfalten.

Liebe zu Sein ist wahrhaft TAO. Das Göttliche sowie das Geistige sind im liebevollen Dasein heilig.
Liebe hat zwar viele Gesichter, doch die Liebe des Göttlichen ist die bei weitem höchste und erhabenste.

Damit will ich die Liebesfähigkeit von Lebewesen nicht herabsetzen.
Im Gegenteil, deren Liebesakt zur Erhaltung der Art und der Rasse ist bereits ein Lebensborn. Ihm gibt sich das Leben an sich, mit Freude hin.
Leider wird die Beziehung zwischen den Liebespartnern nur noch selten als hochwertiges Ritual vollzogen.

Der Orgasmus gerät immer öfter in Verruf und wir nur noch dem billigen, kurzweiligen Vergnügen geopfert.

Dabei handelt es sich hierbei um den energetischen Ruf zur Beseelung.

Er ist ein Fanal in die Welt des Geistigen hinein, für Geistige Wesen, um darauf aufmerksam zu machen: Hier ist ein neuer Körper im Entstehen, den es zu begleiten gilt.

Die Liebe zu den Mitwesen äußert sich im Sozialverhalten von Menschen ebenso wie von Tieren.

Erst das sich Kümmern, um alle Mitglieder einer Lebensgemeinschaft, besonders der Schwächeren, bringt die Liebesfähigkeit zum Erblühen.

Hierin können sich unter anderem Religions- und Glaubensgemeinschaften beweisen.

Doch auch Familien, als Clans oder Sippen, Vereine, Betriebe und selbstverständlich Staaten, alle Gruppen in einem Miteinander von Wesenheiten, tragen Verantwortung beim Verbreiten von Gemeinschaftsgefühlen.

Der Liebe untereinander und miteinander ist somit ein nächsthöherer Stellenwert zuzumessen.

Der Liebe zum Göttlichen noch näher ist das Liebesempfinden zur Natur, zum Kosmos, zum Universum, wie auch immer man dazu sagen will.

Dies schließt ein, dass wir zu allem Energetischen sowie zu dessen Ausprägung als Materie, mit dem Mineralreich als Besonderheit, inklusive den dazu gehörenden Räumen, enge Beziehungen hegen und pflegen sollten.

Die Zeit mit einzubeziehen macht nur dann Sinn, wenn wir uns als ausschließlich körperliche Wesen anschauen.
Im Geistigen sind wir über den Zeitablauf erhaben.

Für uns Geistige Wesen ist die Zeit unerheblich.
Denn sie ist sowieso nur die Betrachtung von Energie oder Materie und deren Bewegung im Raum, ohne eigenständige Bedeutung.

Dennoch, lasst uns dem universellen Dasein, dem „Großen Spiel" in seiner Gesamtheit, die Liebe entgegen bringen, die uns als Spielgeister gerecht wird.

Liebt das „Große Spiel", in allen Variationen und Nuancen.

Erlebt die Liebe zu euch selbst, als Lebewesen, sowie als Selbst, das Geistige-TAO-Wesen.

Lebewesen sowie Geistwesen, geraten im Reigen der Vielfalt von Möglichkeiten immer wieder einmal aneinander.
Du, Körper, inklusive Gehirn, bist oft genug mit Dir, Verstand, im Klinsch.

Während Dein Überlebensinstinkt vom Körper aus Stress erzeugt, sagt Dein analytisches Denkvermögen des Verstandes:

„Es tut mir gar nicht gut, wenn ich zu schnell aus dem Häuschen bin." und das Geistwesen meint, in Übereinstimmung mit dem Verstand:

„In der Ruhe liegt die Kraft!"

Wenn der Verstand euch, TAO, die Seele, mal wieder majorisieren will, so bedenkt einfach, er will nur das Beste: Die absolute Vorherrschaft über den Körper!

Dies ist etwas, worauf er von euch vor langer, langer Zeit einmal programmiert wurde, damit ihr in Ruhe ein wenig Abstand vom Trubel des Lebens bekommt.

Also lasst ihm doch auch heute noch seinen berechtigten Willen.

Zieht euch ein wenig zurück, beobachtet das Geschehen und gebt dem Erzeuger von Problemen sowie dem Problemlösungswerkzeug freies Feld zum Arbeiten.

Gönnt euch den Blick aus der Ferne, auf das Werk, dem ihr selbst Leben eingehaucht habt.

Ihr seid die Seele, TAO, das Geistige Wesen. Ich kann es nicht oft genug wiederholen. Ihr seid weder euer körperlich angelegtes Gehirn noch der energetisch konstruierte Verstand.
Liebt euch in allem, was ihr für euch selbst sowie für andere sein könnt.
Euer Wert kann niemals hoch genug eingeschätzt werden, kann auch niemals getrennt werden von allen anderen Arten der Liebe.
Wenn und sobald oder solange ihr Wesen im Geiste, euch bewusst seid, wird dieses „Große Spiel" nicht aus dem Ruder laufen, wird es euer ureigenes Spiel sein.
Liebt daher das Spiel und euch als Spielgeister.

Die Liebe zum Göttlichen bedarf eigentlich keiner weiteren Erklärung. Oder soll ich sagen, die Verbundenheit mit dem Göttlichen TAO erklärt jegliche Art von Liebe.

Allein in Liebe mit jemandem verbunden zu sein, ist schon ein unglaubliches Erlebnis. Doch zu wissen, ohne jeden Zweifel die Wissensgewissheit zu haben, mit dem Göttlichen eins zu sein, ist phänomenal.

Sagen zu können: „Ich bin die Liebe! Die Liebe, die das Göttliche TAO ist.", fühlt sich an, wie der Windstoß, den ein lauer Sommer unter die Schwingen eines Engels haucht.

Ihr merkt, hier fange ich an poetisch zu werden.
Das ist kein Wunder, denn ein Merkmal des Göttlichen sowie des Geistigen ist Ästhetik.
Dazu zählt auch die Kunst und damit ebenso die Poesie.

Göttliches Lieben durchdringt jeglichen Kosmos, sowohl den physikalischen als auch den geistigen beziehungsweise die geistigen Kosmen.
Dies beruht darauf, dass wir alle, jeder für sich, einen geistigen Kosmos konstruiert haben.
Diese Kosmen haben, in Übereinstimmung miteinander, den physikalischen Kosmos, das physikalische Universum, geschaffen.

Unser gemeinsames Liebesempfinden bildet somit die große Liebe, die sich zum Göttlichen zusammenfindet.

Das soll allerdings nicht heißen, dass Liebe ein teilbares Gut ist. Sie ist wie und wobei, immer nur Liebe.

Ihr zuviel menschliches Gedankengut auffrachten zu wollen ist unpassend.

Denn, um dem Göttlichen TAO gerecht zu sein, ist wahre Größe im Denken und Handeln gefragt.

Lasst uns den See oder besser noch das Meer als Bild für umfassende TAO-Liebe betrachten.

Aus dem Wasser des Meeres entspringt alles Leben.

Aus dem Meer hebt sich Wasser das zu Wolken wird und über dem Land abregnet.

Damit spendet das Meer, im Zusammenspiel mit dem Licht, allen Wesenheiten die Lebendigkeit.

Wir, die Kinder der Liebe, die Tropfen, die dem Lebendigen zum Gedeihen verhelfen, überschütten alles mit unserer Liebe.

Wir begleiten das Leben mit unserem liebevollen Sein, lassen alles wachsen und erblühen, und streben schließlich wieder dem Meere zu.

Das Höhere Selbst

Die meisten Menschen leben in einem ständigen Zustand des Zweifels zwischen richtig oder falsch, gut oder böse, Wahrheit oder Lüge.

Dieser Zustand wird, herbeigeführt durch Erlebnisse der nahen und/oder der fernen Vergangenheit.

Die Verwirrung wird in das gegenwärtige Leben herein getragen.

Im Verstand erfolgt ein ständiger Abgleich zwischen früheren Ereignissen und dem Geschehen der Gegenwart.
Dabei werden Ähnlichkeiten gefunden, analysiert und für uns, als Erfahrungswerte, in Handlungen umgesetzt.

Leider funktioniert dieses System nicht immer völlig fehlerfrei.
Dadurch kommt die weit verbreitete Aussage zustande: "Irren ist menschlich."

Menschliches Fehlverhalten oder besser so genanntes menschliches Fehlverhalten führt nun dazu, dass im Leben unkalkulierbare Risiken auftauchen, die planvolles Vorgehen zu Zufallsprodukten werden lassen.

Dennoch ist es in vielerlei Situationen notwendig, dass Entscheidungen getroffen werden müssen.

Vor allem Manager und Selbständige stehen oft vor der Qual der Wahl der lebenswichtigen Entscheidungen, von denen auch das Schicksal ihrer Mitarbeiter abhängt. Jetzt ist guter Rat teuer!

Hier haben emotionale Entscheidungen, aus dem Bauch heraus oder aus dem Kaffeesatz gelesen, nichts verloren.

Alle rationalen Überlegungen führen zurück auf den strategisch und planvoll geführten Weg, auf dem sich die "Katze in den Schwanz beißt".

Was tun? Ach gäbe es doch ein höheres Wesen, das hier eingreifen könnte!

Keine Sorge, das gibt es! Ich spreche hier noch nicht einmal von Gott oder vom Göttlichen.

Für den Ablauf im Leben hat der Mensch gefälligst selbst Verantwortung zu übernehmen.

Dafür gibt es das Höhere Selbst! Jeder Mensch hat Zugang zu diesem, seinem Höheren Selbst, denn hier ist die Person selbst, die Seele, TAO, im Spiel.

Während der menschliche Verstand zu irren vermag, die Seele, das "Ich bin" und das unmittelbare Du, kann es nicht.

Wie oft sind Menschen schon aus Situationen gerettet worden, aus denen der Verstand keinen Ausweg mehr wusste.

In Notsituationen kommt dann das zum Tragen, was auch als "Schutzengelfunktion" bekannt ist. Dieser "Schutzengel" ist nichts anderes als das, was zu sich selbst "Ich bin" zu sagen vermag, die Seele oder eben das Höhere Selbst das jeder von uns ist (Nicht hat!).

Das gleiche Phänomen finden wir auch, wenn Leute von Erlebnissen nach dem Tode berichten oder, wenn Spirituelle Rückführungen, ohne Hypnose und Drogeneinfluss, also bei vollem Bewusstsein, ablaufen.

Der Verstand, den viele auch als Geist bezeichnen (hier herrscht einiges an Begriffsverwirrung), unterliegt dem Irrtum und der Fehlfunktion einer überlasteten "Rechenmaschine".

Diese Überlastung kann sowohl von der Hardware, dem Körper mit seinem Gehirn, herrühren, als auch von der Software, dem mit Daten gefütterten Programm, das leider einige Viren beheimatet.

Lediglich das Höhere Selbst, als Abbild des Göttlichen, kann keine Fehler machen und hat keine Wahrnehmungsdefizite.

Es weiß so gut wie alles, wenn nicht tatsächlich alles. Doch es zieht sich offenbar manchmal zurück und überlässt dann dem Menschlichen das Feld, angeführt vom Verstand, der wiederum das Gehirn und die Nerven nutzt.

Das Vertrauen des Höheren Selbst, diesen Werkzeugen gegenüber, ist ziemlich groß, manches Mal anscheinend zu groß.

Wir, TAO, sollten uns jedoch nicht scheuen, es ist unser gutes Recht, ein Stück Bewusstheit zu erlangen und wieder wir Selbst zu sein.

Wenn sich das Höhere Selbst zurücklehnt, es zulässt durch die vorprogrammierte Überheblichkeit des menschlichen Geistes (Verstand) zur Tatenlosigkeit gebracht zu werden, verliert es seine Kontrolle im Spielgeschehen.

Dieser Geist im Menschlichen schiebt sich, durch automatisch wirkende Mechanismen und durch gewohnheitsmäßiges Denken, vor das Höhere Selbst.

Der Verstand, das ursprünglich hauptsächlich als Problemlösungswerkzeug gedachte Instrument, meint einfach: "Lass nur, ich mach das schon!"

Nun, wir alle wissen, dass der menschliche Verstand sich allzu oft überschätzt und verstrickt hat.

Überall dort, wo der Mensch „regulierend" eingreift, entsteht über kurz oder lang Chaos, Zerstörung, Untergang.

Wir sollten uns selbst, als TAO, dem Höheren Selbst, wieder viel mehr Gelegenheit geben mitzuwirken.

Geradezu herausfordern, mit Macht aufwecken, sollten wir den dösenden "Schläfer", der wir selbst sind.

Deshalb: Hole Dir die Antworten und fordere von Dir selbst wieder mehr Verantwortung für das Leben!

Die Lösung dafür lautet:

Beschäftige Dich mit allem, was Göttliches Sein, Seele und Beseeltheit bedeutet. Beschäftige Dich mit den Fragen des Seins.
Gib Dir selbst die Antworten, die Dich mit dem Göttlichen in Verbindung bringen.

Denn je mehr sich Menschwesen mit dem Göttlichen beschäftigen, desto mehr Aufmerksamkeit widmet auch das Höhere Selbst seinem Geschöpf. Umso interessanter wird dieses „Backwerk" aus Körper und Verstand.

Deshalb, nähern wir uns hier nochmals TAO, dem Göttlichen sowie dem Geistigen.

Das Göttliche TAO

TAO ist das Göttliche sowie das Geistige! Das Geistige TAO sind wir, jeder für sich und alle miteinander.

Das Göttliche TAO ist die Schöpfung, der Kosmos im Großen wie im Kleinen, ist die Natur, alles Leben in uns und um uns herum.

Was also ist Gott? Ist es nicht vermessen diese Frage überhaupt zu stellen? Können wir uns anmaßen darauf eine Antwort zu geben?

Nun, als TAO, einem Abbild Gottes oder als Göttlicher Funke, will ich es jetzt nochmals versuchen.

Für mich ist Gott weder Er noch Sie noch Es. Worte und Begriffe sind viel zu menschlich, als dass sie Gott gerecht werden könnten.

Warum soll ich Gott als ein und alles sehen? Ein Mono-Gott ist aus meiner Sicht reichlich einsam.

Gestehen wir Gott doch zu, dass eine Familie und Helfer an seiner Seite stehen.

Schon wieder zu menschlich!?

Wer braucht noch einen rächenden oder strafenden Gott?
Es ist doch schon Strafe genug, hier auf Planet Erde gefangen zu sein.

Schließlich wirken auch noch andere mit, uns das Leben möglichst zu erschweren, Halbgötter, etwa in weißen Kitteln oder solche in schwarzen Roben.
Gott ist ganz sicher weder ein Mediziner, der versucht Gevatter Tod zu besiegen, noch ein Gesetzgeber oder Gesetzeshüter, der unsicher mit Ethik und Moral jongliert.
Gott hat es sicher nicht nötig uns zu kriminalisieren.

Wenn wir jemals "Gottesstrafen" erfahren haben sollten, dann waren dies entweder ganz normale, also natürliche, oder hausgemacht verursachte Katastrophen, weitgehend durch menschliches Zutun.

Hat Gott tatsächlich gesagt: "Du sollst keine fremden Götter neben mir haben!"?
Fürchtet Er/Sie/Es die anderen? Fürchtet Er/Sie/Es um seine Macht?
Welche Art von Macht? Wem gegenüber? Zur Machtausübung über Menschen? Doch wohl kaum – oder?
Gott, der/die/das Allmächtige hat auch so etwas doch gar nicht nötig!

Menschliches, allzu Menschliches oder letztlich doch wieder TAO? Je mehr wir uns Gott annähern, umso weniger aussagekräftig werden die Worte, die wir gebrauchen, um Gott wahrzunehmen, mit all seinen/ihren Facetten.

TAO ist letztendlich pure Selbsterkenntnis in Gott, also in uns Selbst sowie um uns Selbst.

Gotterkenntnis hat viele Gesichter. Wohlgemerkt nicht Gott hat viele Gesichter, sondern das Erkennen seines Seins.

Aus persönlicher Sichtweise und den Erkenntnissen daraus, die mir bei den vielen Spirituellen Rückführungen der vergangenen Jahrzehnte zugetragen wurden, formuliere ich hier die religiös spirituelle Anschauung des Göttlichen TAO.

Wer mag, kann darin die Grundlage für eine kosmisch geprägte Religiosität finden.
Allerdings soll keiner einzigen irdischen Betrachtungsweise von Religion dadurch der Rang abgelaufen werden.

Denn, überall finden wir ein ähnliches Wurzelwerk und hintergründiges Wissen, womit auch ich wieder übereinstimmen kann.

Es ist durchaus legitim Gott auch menschlich zu gestalten. Dadurch gewinnt er/sie/es an Nähe zu den Menschen.

Niemandem ist mit einem entrückten, weit abseits zu findenden Gott gedient.
So spricht er doch zumindest ab und an über seine Propheten mit den Menschen.

Deshalb meine Bitte, finde Gott einfach in Dir, finde Dein Göttliches, Dein TAO. Näher als Du selbst kann Dir kein Gott sein.

Mir behagt nicht diese Verbindung von Angst und Schrecken, mit der Darstellung Gottes.

Das Göttliche TAO ist garantiert über solche niederen Vorstellungswelten erhaben.

Die Vermenschlichung Gottes hat seine Grenzen dort, wo man ihm/ihr fast nur noch menschliche Züge zuordnet.
Diese Art Götter müssen sich dann mit magisch, mystischen Fähigkeiten wieder etwas aufwerten.

Die Götterfamilien der frühen Neuzeit (keltische, germanische, griechische, indische und alle anderen auf Planet Erde) sind Beispiele hierfür.

Das Göttliche TAO schließt selbstverständlich auch solche Gottheiten mit ein - auch diese sind TAO.

Selbst Satan oder der Teufel mit allen dämonischen Heerscharen ist Göttliches TAO.

Diese angeblichen Gegenspieler Gottes sind nichts anderes als Aspekte der geistigen Schöpfung zur Gestaltung des "Großen Spiels".

Hier finden wir eine Ausprägung des dual angelegten kosmischen Spielgeschehens. Gut und Böse bedingen einander.

Ohne diese Gegensätze gäbe es kein Spiel und kein Gegenspiel, keine Lebendigkeit im spielerischen Miteinander.

In dieser Art und Weise der Anschauung ist Gott das absolut Gute und Satan das Böse an sich.

Das Göttliche TAO allerdings umspannt all diese Aspekte und Betrachtungen. Er/Sie/Es ist nun einmal kein Bestandteil des Universum, unterliegt also auch nicht der Dualität.

Gott, als das Göttliche TAO, hat oder ist weder Zeitrechnung noch die Größe von Raum, nicht einmal Unendlichkeit anstelle von Endlichkeit.

TAO "befindet" sich "zugleich" außerhalb wie innerhalb des kosmischen Spielgeschehens.

TAO ist sowohl ein übergeordneter Spieler als auch einer oder alle der vielen Mit- und Gegenspieler im Reigen der kosmischen Geschehnisse.

TAO ist sogar das gesamte energetische "Material" aus dem das Spielfeld gestaltet wurde und noch immer wird.

Dadurch, dass TAO der zeitlosen, geistigen Welt (schon wieder eine falsche Begrifflichkeit!) zugerechnet werden kann, unterliegt es auch keiner zeitlichen Begrenzung oder Beschränktheit.

Der ursprüngliche Beginn, die Erschaffung des Universum, ist unmittelbare Gegenwart und dauert einfach immerfort an.

In diesem zeitlosen Zustand sind auch wir, als Geistige TAO Wesen, in der Lage erschaffend zu wirken.

Unsere postulierten Wünsche müssen daher immer in der Gegenwartsform erdacht sein.

Gott ist hierbei gegenwärtig gewordene Vergangenheit und Zukunft zugleich.

Räumlich betrachtet "durchdringt" das Göttliche TAO jegliche Materie als Schwingungsqualität.

TAO bietet sowohl den Raum für die Ansammlung von freier Energie als auch die in Form gebrachte Energie, die Materie.

Alles entspringt der reinen Ursprungsenergie, um Energie sowie Materie werden und sein zu lassen.

Die Schwingungsqualität, die der Materie innewohnt und deren latente Kraft, ist von TAO so angelegt.

Den Wandel von Entstehen und Vergehen, einem ständigen Vorgang im Kosmos, finden wir auch in dem Zustand den wir Leben nennen.

Hier heißt der erweiterte Zyklus:

Geburt, Wachstum, Sterben, Tod.

Die Wiedergeburt ist danach kein Ablauf, in den materielle Bestandteile einbezogen sind, sie ist lediglich das Wiedererwachen der energetischen sowie der geistigen Komponenten.

Gott beziehungsweise das Göttliche begleitet diese Entwicklung durch Raum und Zeit.

Er/Sie/Es ist darin zwar vielfältig verstrickt, doch Er/Sie/Es erleidet keine gefühlten Verluste.

Die Gefühle von Verlust und Angst vor Verlust sowie Gram, Trauer und Schmerz empfinden nur wir, als TAO im unmittelbaren Spielgeschehen.

Wir "liefern" all diese Wahrnehmungen gewissermassen an eine "höhere Ebene" weiter.

Dort bleiben sie als Informationen oder als Daten gespeichert.

Gott, das Göttliche TAO, koordiniert uns im kosmischen Dasein, bietet aber zugleich die Möglichkeit für weitgehend eigenständige Aktionen und wechselseitige Interaktionen - auch mit Ihm/Ihr/Es.

Die Frage, ob wir im Göttlichen Miteinander völlig eigenständig sein können, muss ich mit einem klaren: NEIN! Beantworten.
Wir sind immer eingebettet in alle dynamisch ablaufenden Prozesse.

Dies beginnt und hat seine Ursache bei den eigenen Betrachtungen mit denen wir uns selbst gefangen halten.

Familiäre, kulturelle und rassische Betrachtungsweisen wurden und werden uns übergestülpt.

Die dann, aus uns selbst heraus aufrecht erhaltenen Denkmuster, führen zu entsprechenden Prägungen und Zwängen; zwar von außen an uns herangetragen, haben wir schließlich dennoch mit genau denen übereingestimmt.

Es sind Familienbande, das sozio-kulturelle Umfeld, die Zugehörigkeit zu Gemeinschaften sowie zu einer Rasse, die das Leben beschränkt und Grenzen auferlegt.

Sich aus all dem befreien zu wollen kann ganz schön schmerzen.

Ein Gottesbild kann nun entweder als Verstärker für die Beschränkungen benutzt werden oder als befreiendes Element wirken. Dies hängt ausschließlich vom Denken und Handeln des Einzelnen, des Vereinzelten, ab.

Hier eröffnet sich der Weg in die Freiheit - "einfach" hinaus zu treten in eine von einengenden Betrachtungen freie "Welt der tausend Möglichkeiten".

Der wahre Gott ist in seinem Wesen frei von allen Denkschematas. Ihm zuzustreben, die Verbindung zu suchen, von TAO zu TAO, ist der Weg in die Freiheit.

Das Ziel besteht darin, in vollkommene Übereinstimmung mit dem Göttlichen TAO zu kommen. Ohne Wenn und Aber, ohne Bewertung und Abwertung, ohne jegliche Kritik, im Göttlichen zu verschmelzen.

Wobei, wie wir wissen, Gott nichts anderes ist als unser eigenes "Höheres bis Höchstes Selbst" - TAO über TAO.

Das Göttliche TAO, unser aller Ursprung, ist reine Liebe, reines Licht und reine Energie.
Nicht Liebe und Licht wie Menschen es kennen, sondern in seiner reinsten ursprünglichen Art und Weise.
Jegliche Energie mit der wir derzeit umgehen ist in irgendeiner Weise „unrein".

Die Ursubstanz des Geistigen finden wir dennoch in allem und jedem, das wir sind und das uns umgibt.
Würden wir uns auf diesen unseren Ursprung ohne jeden Zweifel besinnen, hätten wir auch die ursächliche Schöpferkraft wieder.
Wir könnten auf all diesen zivilisatorischen, technischen Schnickschnack einfach verzichten.
Sogar Essen und Trinken wären überflüssig, weil unsere Körper dann einen feinstofflichen Zustand annehmen würden.

Stelle Dir vor:

"Ich bin Gott in reiner Liebe, Gott in reinem Licht, Gott in reiner Energie."

Stelle Dir dies immer und immer wieder vor, beständig, bei jeder Gelegenheit im Leben. Es wird sich nicht nur Dein Leben sondern auch Dein Erleben und Deine Wahrnehmung entscheidend verändern.

Wir können uns auf diese einfache Weise aus den niederen Bedürfnissen zum Überleben geradezu hinaus katapultieren.

Wir, das TAO das wir sind, gelangen damit in einen transzendierten, erhöhten geistigen TAO-Zustand, bis hin zum Göttlichen TAO.

Was sind die wehrhaften Barrieren und Blockaden? Sie bestehen aus fortgesetztem Protest mit andauernder Kritikhaltung, aus Unzufriedenheit und Zweifel, Ängsten vor Verlusten, Trauer und Schmerz, aus Groll, Hass, Wut, Neid und Missgunst gegen die Göttlichen Empfindungen von Liebe, Licht und Energie.

Wehrhaft sind solche Barrieren und Blockaden nur deshalb, weil wir die darin enthaltenen Denkweisen und Gefühle ständig selbst aufrecht erhalten müssen, um nicht vom Göttlichen, das wir selbst sind, einfach überrannt zu werden.

Es könnte ja die Gefahr bestehen, dass wir wieder erkennen, wer oder was wir wirklich sind.

Damit wäre unser Wahlpartner, der Körper, der gemeinhin als Lebensform bezeichnet wird, nicht einverstanden.

So überzeugt diese lebendige Art zuerst einmal unseren Verstand, dass wir unbedingt bleiben müssen, um eine Katastrophe, wie Krankheit oder Tod, zu verhindern.

Aus Verantwortungsgefühl oder dergleichen schließen wir uns dieser Auffassung an, zumal wir vor langer Zeit einmal selbst beschlossen haben, uns dem Dasein von Lebewesen zuzuordnen.

Darin wollten wir erfahren und empfinden, uns all den heftigen Gefühlen hingeben, die wir als Geistige Wesen so nicht wahrnehmen konnten.

Dadurch sind wir jetzt unter anderem im Menschsein gefangen oder im Dasein von anderen lebendigen Wesen.

Wir halten uns selbst darin fest, krallen uns regelrecht in das Leben.

Offenbar hat sich nämlich dieses Lebewesen auch einen Geistpartner gesucht; in uns hat es ihn gefunden.

Das Lebendige liefert uns Glaubenssätze mit mehr oder weniger plausiblem Inhalt.

Diese ergeben sich aus den so genannten Erfahrungen, die das Leben macht.

Erst durch das Hinterfragen, per analytischem Verstand oder intuitiv als Geistiges Wesen, stellt sich heraus, wie widersinnig solche Glaubenssätze oftmals sind.

Manchmal sind sie einfach nur überholt. Sie haben sich zum Beispiel in der Kindheit gebildet und wirken noch im Erwachsenenleben obwohl sie hier völlig unangebracht sind. Doch ihr Überlebenspotenzial ist unglaublich stark energetisch aufgeladen.

Erst das Entladen, beispielsweise durch Nichtbeachtung (wenig sinnvoll) oder durch Konfrontation und Umprogammierung (genau so!), wie mit Spirituellen Rückführungen, löst diese Glaubenssätze auf.

Wir finden: Der Kern eines jeden Menschen ist gut! Das zeigt sich hauptsächlich in Notsituationen, wenn die Seele, das Göttliche TAO, sich Bahn bricht, um einander zu helfen.

Gemeinschaftsgefühle entsprechen dem Göttlichen eher, als sich selbst überhöhender Individualismus.

Allerdings ist es gerade das Individuum, TAO, das wir sind, in der Lage sich aus dem verrückten Umfeld zu befreien, in dem wir uns hier auf Planet Erde befinden.

Nur TAO ist stark genug Veränderungen zu verursachen und Göttliche Denkweisen in die Gesellschaft hinaus zu tragen.

Gott, das Göttliche TAO, tritt über das Denken, Sprechen und Handeln von Menschen in Erscheinung.

Ich, TAO, stelle fest, für mich felsenfest, weder Poly- noch eine Mono-Gottheiten entsprechen der Wahrheit des Göttlichen.

Das Göttliche TAO übersteigt unser aller Vorstellungsvermögen, besonders, wenn wir uns ihm allzu menschlich nähern.

Und dennoch: Der Gott, der Du bist, hat vollständige Wahrnehmung zum Göttlichen.

So gibt es keinen Gott außer Gott, kein TAO außer TAO.

Vom Anbeginn der Zeit haben wir uns erhalten, was sich in allen religiösen Anschauungen niederschlägt.

Dies sind die Ideen von:

> unabdingbarer Liebe und Glückseligkeit

> liebevoller Gemeinschaft, Hilfsbereitschaft und Gastfreundschaft

> der Bewunderung als Sinn für Schönheit, Ordnung und Ästhetik

> ethischem Empfinden, zur Wahrung der Göttlichkeit, im Miteinander wie für sich selbst

> der Heilung, als vollkommene Heilwerdung (körperlich, geistig, seelisch und sozial)

> der Schaffung und Erschaffung im Kleinen wie im Großen

> der Verbundenheit zur Geistigen Welt, zu Geistigen Wesen und schließlich zum Göttlichen.

Alle diese Betrachtungsweisen resultieren aus unserem ursprünglichen Dasein, dem Göttlichen TAO, das wir einst waren und noch heute sind.

Denn wir sind TAO, wir sind die Seele, der Göttliche Funke, Ebenbild des Göttlichen.

Als das Geistige Wesen tragen wir die volle Verantwortung.

Wir haben mit der Erschaffung des „Großen Spiels" Verantwortung übernommen, sowohl für unser eigenes Leben und Erleben als auch für das der anderen.

Menschen, Tiere, die Natur und der gesamte Kosmos sind in unserer Obhut, stehen unter unserem Schutz.

Wir sind selbstverständlich auch verantwortlich für den eigenen Körper, den eigenen Geist oder Verstand, unser umfassendes Wohlergehen.

Unsere oberste Maxime (Leitspruch) eines selbst auferlegten Codex ist:

Liebevoller Schutz der Würde, des Lebens und der Existenz aller in TAO geführten Wesenheiten und Seinszustände. Dazu zählen alle irgendwie gearteten Lebenseinheiten im Kosmos (energetische, mineralische, pflanzliche, tierische, menschliche und andere).

Wir verpflichten uns zu Ästhetik, Ordnung und Hygiene in Bezug auf den eigenen Körper, Kleidung und Hausrat, die unmittelbare Wohn- und Lebensumgebung sowie aller Stationen auf unseren Wegen.

Die Prinzipien von Ästhetik, Ordnung und Hygiene vermitteln wir ebenso unseren Kindern, Ehepartnern, Lebensgefährten, Freunden, Bekannten und den uns begleitenden Tieren.

Wir wissen: Alle Wesenheiten unterstehen unserem Schutz.

Wir übernehmen damit auch Verantwortung für den sparsamen, ordnungsgemäßen und sinnvollen Umgang mit dem Nutzen dem diese dienen können (ob als Energieträger, Baumaterial, Stoff, Nahrung oder ähnlichem).

Deshalb üben wir Respekt, Verständnis und Verstehen gegenüber allem und jedem. Unser Wohlwollen sollte niemals nachlassen, auch wenn wir einmal meinen durch unsere Mitwesen ungerecht behandelt oder verletzt worden zu sein.

Die Prämisse (Voraussetzung) sei, bei all unserem Denken, Sprechen und Handeln:

Fortwährende, unabdingbare Liebe.

Denn ausschließlich die Liebe in ihrer reinsten Form entspricht unserem Göttlichen Sein.

Wir achten sowohl die kosmische Ordnung als auch den Wandel im Chaos; denn daraus gestaltet TAO, gestalten wir, immerwährend Neues.

Materie, Energie, Zeit und Raum, in egal welcher Ausprägung sind für uns und mit uns zusammen. Denn wir waren und sind die Erschaffer und die Gestalter des „Großen Spiels"

In diesem Sinne: Lasst uns spielen, lasst uns, jeder für sich oder miteinander dem Spielgeschehen einen hochwertigen TAO-Sinn geben.

Als TAO-Seele, die wir sind (nicht haben!), sollten wir bestrebt sein, uns gegenseitig zu helfen.
Denn nur im Miteinander erlangen wir die Meisterschaft im "Großen Spiel".

TAO, der Göttliche Ursprung, erwartet uns!

Wiedergeburt in TAO

Nachdem wir alle wiedergeboren werden, brauchen wir sowohl die Erkenntnis als auch die Führung, um wieder vollständig zu sein, im Selbstbewusstsein leben zu dürfen, TAO, das Geistige Wesen, zu sein.
Als spirituelle, religiöse Maßnahme dient hierzu die Spirituelle Rückführung, ohne Hypnose. Im Verstand der Leute wird damit aufgeräumt.

Psychische sowie psychosomatische Erscheinungen werden energetisch entladen und verschwinden mit der Zeit wie von selbst. Es erfolgt Heilung und Heiligung, bei zunehmendem Kontakt mit dem eigenen Selbst.

Die Selbst-Erfahrung, die Selbst-Erkenntnis und die Selbst-Findung im Geistigen sowie im Göttlichen TAO ist das Ziel.

Frieden, oder zumindest Zufriedenheit, Wohlstand, Wohlbefinden und Harmonie, in Ethik und Ästhetik, sind die obersten Prinzipien von TAO.

Aus persönlicher Anschauung und der Erkenntnisse als Druide des TAO heraus, die mir bei den vielen Spirituellen Rückführungen der vergangenen Jahrzehnte zugetragen wurden, formuliere ich im Folgenden die spirituellen Sichtweisen von TAO.

Wer möchte, kann darin die Grundlage für eine kosmisch geprägte Spiritualität finden.

Allerdings soll keiner einzigen Betrachtungsweise von Religions- und Glaubensgemeinschaften dieses Planeten damit der Rang abgelaufen werden. TAO ist nur der Versuch einer geistigen Schau, um enge Grenzen irdischer Dogmen zu sprengen, um Blickwinkel zu eröffnen.

Eine "Welt der tausend Möglichkeiten" bietet sicherlich mehr lebendiges Dasein als irgendeine ausgetretene Spur, der viele Anhänger von Religionen meinen folgen zu müssen.

Allerdings, das Gehen abseits der altbekannten Pfade birgt auch Gefahren. Dessen sollten wir uns immer bewusst sein.

Nur, genau dieses bewusste Sein ist die ideale Wahrnehmung für das Hier und Jetzt.

Deshalb: Scheut nicht das Risiko! Das einzige was ihr verlieren könnt, ist ein Leben in Bequemlichkeit und Sicherheit, ein Leben ohne Höhen und Tiefen. Ist das wirklich Leben?

Durch das Erleben kosmischer Größe und Verbundenheit, fällt es uns von Mal zu Mal leichter dem irdischen Dasein den Stachel zu nehmen.

In Zufriedenheit, Freude, Wohlergehen und Wohlstand begeben wir uns auf den Weg zum Glücklichsein, zur Glückseligkeit.

Einem Glück, das wir in jedem Augenblick, im Hier und Jetzt wahrnehmen können.

Wie bereits erwähnt, wenn ich von kosmisch geprägter Spiritualität spreche, so meine ich den tatsächlichen Urgrund aller Religionen, der ganz sicher nicht von dieser Erde ist. So wie auch wir, keiner von uns ursprünglich irdisch sind - einige sind nur schon etwas länger hier und fühlen sich dadurch heimischer.

Wir alle sind Reisende durch Zeit und Raum, mit kürzeren oder längeren Aufenthalten in unterschiedlichen Körpern.

Auf den vielen, vielen Welten, die wir auf unserer Reise kennen gelernt haben, gab es mindestens ebenso viele Religionsformen. Doch alle hatten sie einige wenige ursprüngliche Gemeinsamkeiten.

Alle können auf einige wenige Urformen zurückgeführt werden.

Die wohl wichtigste davon ist:

Das Finden von Gemeinsamkeit in Übereinstimmung mit einer für alle oder möglichst viele gültigen Glaubensrichtung.

Nochmals, auch zum Verständnis für jene, die immer dagegen sein müssen:

TAO ist also keine Religionsform, hat keine Hierarchie, kein Oberhaupt, keinen übergeordneten Vater oder Sohn oder Muttergöttinnen.

Alle „Gottheiten" sind uns gleichgeordnet. Wir sind aus uns heraus, dem Geistigen TAO, mit dem Göttlichen Ursprung, dem Göttlichen TAO, dauerhaft verbunden.

TAO ist Freund aller Religionen. TAO übt respektvollen Umgang mit allen, wirklich allen, religiösen Betrachtungsweisen.

Nachdem wir wissen, wie viele, ungezählte Variationen das "Große Spiel", mit all den Verhaltensweisen im Spielgeschehen, hervorgebracht hat, ist jegliche Glaubensform, letztlich doch wieder TAO, dem Geistigen sowie dem Göttlichen, verbunden.

Dies ist nicht gleichzusetzen mit "Toleranz gegenüber von", sondern es ist unvoreingenommenes Verstehen und Verständnis für Betrachtungsweisen und Standpunkte im "Großen Spiel".

Selbst Wesen, die von sich behaupten, ohne ein Göttliches Miteinander bestehen zu können oder zu wollen, sind für TAO nur eine von vielen Spielarten im Dasein.

Ob jemand einen Gott oder mehrere Götter anbetet, ob er nur sich selbst vergöttert oder das Materielle, Geld und Gut, ...!?

Jedermann ist TAO, ist unser gleichwertiges Miteinander. Das "Große Spiel" schließt niemanden aus, wirklich niemanden. Wir unterscheiden uns nur in den Spielfeldern, selbst- oder fremdbestimmten Regeln und in den jeweiligen Absichten. Ansonsten sind wir TAO, ohne Wenn und Aber.

Wer mit dieser Denkart übereinstimmen kann, ist eingeladen, mit mir gemeinsam den Weg der Druiden des TAO zu beschreiten. Negativ wirkende Energien, resultierend aus den persönlichen Blockaden und karmischen Verknüpfungen, wollen beziehungsweise sollen uns nur klein halten.

Lasst uns gemeinsam mit **MUT** (**M**achtvolle, **U**nbezwingbare, **T**atenkraft) hinaus gehen und den Sumpf niederer Emotionen verlassen.

Die Spirituelle Rückführung hilft uns dabei Erkenntnisse und Realität zu gewinnen, sowohl für unser Dasein in der Vergangenheit als auch im Hier und Jetzt, der unmittelbaren Gegenwart.

Göttliches TAO, den Göttlichen Ursprung, den Zugang zu unserem ureigenen Selbst finden wir völlig bewusst über die religiöse Maßnahme der Spirituellen Rückführung.

TAO-System

TAO bildet ein offenes System ohne starre, dogmatische oder hierarchische Systematik.

Das Prinzip des Geistigen in einem reinen Körpers schließt die Erkenntnisse moderner Ernährungswissenschaft ebenso mit ein, wie es Informationen und Empfehlungen anderer Denkarten nicht ausschließt.

Körperliche Bedürfnisse sollten ohne übermäßige Bewertung oder Abwertung wahrgenommen und im Rahmen eines vernünftigen Verhaltens befriedigt werden.

Gefühle, als innewohnende Emotionen, sind naturbedingte Bestandteile von Körper und Geist (Verstand).

Zur Befreiung des TAO-Selbst gehört die Fähigkeit mit all diesen Emotionen umzugehen, sie kontrollieren zu können beziehungsweise sie sinnvoll einzusetzen.

Auch der Gefühlsüberschwang in Form von Leidenschaft oder von zornigem Erbeben gehört zum Erleben, insbesondere des Lebendigen in Körpern.

Dennoch ist TAO, die Person selbst, immer wieder gefordert geistig über einem derartigen Gefühlsausbruch zu stehen und notfalls regulierend einzugreifen.

Gefühlswallungen dürfen niemals zum Schaden anderer führen oder gar dazu verwendet werden.

Drogenexzesse aller Art, Medikamente im Übermaß und extrem schlechte Ernährung führen zu überhöhter Aufmerksamkeit auf die Körper, dem eigenen sowie denen von anderen, und damit zu unkontrollierten, unkontrollierbaren Empfindungen und Gefühlsschwankungen.

Im Hexenkessel der Gefühle zu schmoren bedeutet zugleich, im Körperlichen gefangen zu sein. Je mehr jemand dem Körperlichen verfallen ist, desto verrückter gebärden sich die niederen Emotionen.

Die Freiheit des Denkens wird speziell durch natürliche oder chemische Drogen eingeschränkt, durch manche Medikamente ebenso wie durch Straßendrogen, von Alkohol über Nikotin bis hin zu härteren „Geschützen".

Oftmals wird sogar ein Zustand von Freiheit vorgegaukelt, der sich aber mit der Zeit als Vorspiegelung falscher Tatsachen, letztlich als Selbstbetrug, herausstellt.

Die Drogenpersönlichkeiten verlieren zunehmend die Kontrolle, zuerst über ihr Denken und schließlich über ihr Handeln.

Die Droge bestimmt deren Leben. Sie verleitet zum Ausstieg aus jeglicher Verantwortung für sich selbst ebenso wie für die Gesellschaft, sowie letzlich für alle anderen Ebenen der Geister.

Kriminelle Verhaltensweisen sind die fast schon zwangsläufig ausgeführten Lebensinhalte von Drogenpersönlichkeiten.

Insbesondere die hohe Akzeptanz für Drogen, in der irdischen Gesellschaft, leistet der Borniertheit, der Dummheit und den falschen Denkansätzen Vorschub.
Dies beginnt bei Nikotin und Alkohol und setzt sich fort bei den die Psyche beeinflussenden Medikamenten und ähnlichen Flucht- und Suchtmitteln (dazu zähle ich auch die ach so tollen Schmerzmittel).

Die Akzeptanz für Drogen ist außerdem die Hauptursache für die zunehmende Vergiftung einer Bevölkerung mit übermäßig eingesetzten, chemischen Substanzen.

Wir finden sie in der Nahrungskette, in Kosmetik und Hygiene, in der unmittelbaren Wohnumgebung und in der Umwelt.

Keine Chance den Drogen

und denen, die an Drogen verdienen.

Die Wahrheit: Drogen sind Gifte, die Vitalkräfte des Körpers aufzehren und das Denkvermögen des Verstandes hinterhältig beeinträchtigen. Drogen sind Gifte, die Leben zerstören.

Die Definition: Drogen sind jegliche innerlich genommene Substanz, die benutzt wird, einen „verbesserten" Zustand zu erreichen beziehungsweise einen unerwünschten Zustand zu vermeiden.

Und: Sie bringen die natürlichen, biochemischen Zusammenhänge im Körper durcheinander.

In vielen primitiven Kulturen der Vergangenheit sowie der Gegenwart wurden und werden Drogen als Aufputschmittel oder zur Ruhigstellung verwendet.

Schamanen, Medizinmänner, Magier und Priester schworen auf Essenzen von Mutter Erde persönlich (wie Kräuter, Pilze, ...) oder aber aus dem geheimnisvollen Garten der Alchemie, um tolle spirituelle Wirkungen zu erzielen.

Drogen sollten den Menschen magische Kräfte verleihen. Man wollte mit ihnen göttliche oder teuflische Fähigkeiten entfalten oder zumindest böse Geister vertreiben.

Noch heute ist, wie schon zu Urzeiten, die Drogengläubigkeit in der Medizin sehr weit verbreitet.

Gegen alle möglichen Krankheiten oder Krankheitserscheinungen, zur Unterdrückung der verschiedensten Weh-Wehchen gibt es angeblich eine Pille oder irgendein Kraut.

Längst sind es einige unserer Ärzte leid, immer nur etwas verschreiben zu sollen, damit entweder die Pharmazie oder der Patient oder beide zufriedengestellt werden.

Frage Deinen Arzt und Du wirst erfahren, wenn er eine ehrliche Antwort für Dich hat, dass er gar nicht damit einverstanden ist, häufig nur als verlängerter Arm der Pharmazie zu fungieren.

Doch, was bleibt ihm zumeist anderes übrig, wenn Patienten bereits mit ihrer Drogenerwartung zu ihm kommen und enttäuscht sind, wenn sie keine Pille, Salbe oder ähnliche "Wundermittel" mit nach Hause nehmen dürfen.

Eines muss hier aber dennoch in aller Deutlichkeit gesagt sein: Der verantwortungsvolle, korrekte und gezielte Umgang mit schnell wirkenden, hilfreichen, medizinischen Drogen ist nicht schädlich.

Hier gilt jedoch insbesondere die Aussage von Paracelsus:

„Die Menge macht's, ob ein Ding Gift ist."

Letztlich darf eine Heilungsmaßnahme aber niemals bei den körperlichen Betrachtungs- und Behandlungsweisen stecken bleiben. Immer und schlussendlich vorrangig muss das Geistige in jeden Heilungsprozess einbezogen werden.

Denn es gilt seit Alters her auch dieser Satz:

„Das Geistige Wesen ist der Meister über die Materie!"

Bedenklich ist der leider weit verbreitete Missbrauch von Drogen und die hohe Akzeptanz von verschiedenen Drogen in der Gesellschaft - als "Helfer in jeder Lebenslage".

Die beiden Gesellschaftsdrogen Nikotin und Alkohol gelten noch immer als die Einstiegsdrogen Nummer 1 und Nummer 2 für weitere, nicht minder gefährliche Suchtmittel.

Die Pille für jeden Fall der Fälle („Omas Pille"), wie sie per Marketing verkauft wird, ist der Wegbereiter zu den modernen Designer-Drogen.

Durch den Faktor „Akzeptanz" wird der Nährboden bereitet, der Menschen die Rechtfertigungen bietet, Drogen wie: Alkohol, Nikotin, Koffein, auch Haschisch und Marihuana als gesellschaftlich anerkannt, somit völlig normal anzusehen.

Wir sind nicht mehr weit davon entfernt, dass selbst Heroin wieder als etwas völlig Legales angesehen wird.

Um 1900 war Heroin als Heilmittel allgemein anerkannt und wurde selbst den Kindern im Hustensaft verabreicht.
So wie heute das nicht minder gefährliche Codein, das mit Heroin verwandt ist.

Jegliche Droge ist ein Gift, entsprechend der mehr oder weniger hohen Dosierung, das über die Körpersysteme auf das Denkvermögen einwirkt und Verwirrung stiftet, sowohl im Körperlichen, als auch im Dasein des Verstandes.

TAO, die Person selbst, die Seele, kann von dem Drogeneinfluss nicht unmittelbar geschädigt werden.

Doch über die Wirrnis in Körper und Verstand schleichen sich falsche, überhöhte Emotionen und Vorstellungen ein, wodurch die Einflussnahme auf diese zwei Werkzeuge empfindlich gestört ist.

Sobald kein Nutzen für die Person mehr erkennbar ist, zieht sich TAO aus dem Geschehnis des Lebens ein Stück weit zurück und beobachtet bestenfalls.

Dann haben wir Körpersysteme vor uns, die man mit Fug und Recht tatsächlich als Drogenzombies bezeichnen kann.
Dies mag jetzt hart klingen aber: Leute sind eine echte Gefahr für die Gesellschaft, wenn sie fast ausschließlich von Drogen gesteuert werden.

Um sowohl ihnen als auch uns zu helfen, müssen sie erst auf Entzug gesetzt und dann notfalls zwangsweise entgiftet werden, bevor das Geistige Wesen, die TAO-Seele, wieder Einzug hält.

Heute wissen wir eindeutig und sollten es unbedingt beherzigen:

Ohne die unverfälschte Erfahrung eines spirituell klaren, ungetrübten Geistes gibt es keine Verbesserung in den Fähigkeiten von Menschen.

Deshalb wiederhole ich hier nochmals die Wahrheit über Drogen:

Sie sind Gifte die die Vitalkräfte des Zellstaates, des Körpers, aufzehren und die dazu beitragen, manchmal sogar gezielt benutzt werden, dass der Verstand ins Chaos stürzt.

Hüte Dich daher generell vor dem Gebrauch der Drogengifte.

Vitamine, Enzyme, Mineralien werden beim Gebrauch von Drogen aller Art vernichtet. Körper und Verstand geraten in Abhängigkeit.

Tatsächlich haben die Drogen anfangs noch eine irgendwie angenehme Wirkung. Sie erzeugen ein künstliches Hochgefühl, den „Drogenkick".

Das Bedürfnis nach jedem weiteren "Drogenkick" (dem vorgegaukelten "Hochzustand") wird stärker und stärker, je weniger Wirkung die Droge noch zeigt.
Härtere Drogen müssen dann her, um überhaupt noch einen "Normalzustand" zu erreichen.

Der Absturz ist vorprogrammiert: Der Zustand "Tod" rückt näher und näher.

Wenn jetzt jemand meint, er könne einfach so mit den Drogen aufhören und er hätte damit alles wieder im Griff, der irrt gewaltig.

Denn vor allem chemische Drogenrückstände werden in kristalliner Form im Gewebe des Körpers abgelagert, hauptsächlich im Fettgewebe.
Bei jedem Gebrauch von solchen Drogen sammeln sich deren Kristalle Stück für Stück an.

Der Körper kann sie, als chemische und daher biologisch artfremde Substanzen, nicht vollständig ausscheiden.
Beispielsweise beim Heroin verbleibt tatsächlich bis zu 25 Prozent der aufgenommenen Menge im Fett des Körpers.

Jetzt könnt ihr euch vorstellen, was wohl geschieht, wenn eben diese Drogenrückstände noch nach Jahren, plötzlich und völlig unvorbereitet, unkontrolliert, ins Blut, den Blutkreislauf, ausgeschwemmt werden!?!

Ganz recht, sie wirken wie damals! So genannte "flash-backs" (wörtlich übersetzt heißt dies: "Blitz zurück") sind bei den inzwischen „Sauberen", ehemaligen Abhängigen, keine Seltenheit.

Blitzartig werden dabei die Bilder aus der Vergangenheit wieder lebendig und gaukeln eine verquerte, total veränderte Wirklichkeit vor.

Der „Blitz zurück" wirkt genau so, als wäre der Körper gerade jetzt mit Drogen vollgepumpt worden.

Beispielsweise beim Sport oder bei anderen körperlichen Anstrengungen, wie beim Sex, in Situationen mit Stress, vielleicht in Schule oder Arbeit oder beim Autofahren, werden die Drogen plötzlich wirksam.

Über die Systeme des Körpers hinaus wird dann auch und gerade die analytisch geistige Komponente des Menschen, nämlich der Verstand, von den giftigen Substanzen heftig gebeutelt und in Verwirrung gebracht.

Hier gilt somit zweifelsfrei:
Nur ein reiner Körper ist auch in der Lage einen klaren Verstand zu beherbergen.

Es sei noch einmal deutlich gemacht, mit welch bösartigem Einfluss wir es bei der gesellschaftlich noch immer akzeptierten Droge Nikotin zu tun haben:

Das Nervengift Nikotin wirkt direkt auf das Gehirn einer Person ein; es zerstört die Blut-Gehirn-Schranke und lässt somit auch andere Gifte in diese Schaltzentrale des Körpers eindringen.

Wie sehr sogar das energetische Potenzial einer Umgebung durch Drogeneinfluss absinken kann, ist für jedermann nachvollziehbar, wenn er in einen Raum tritt, in dem noch geraucht wird oder in dem längere Zeit geraucht wurde.

Selbst ein relativ geringer Nikotinpegel lässt die Luft schwer und ungenießbarer werden.

Die Atmosphäre ist durch den Rauch einseitig ionisiert, mit zu vielen Ionen einer Art angereichert.

Sie wird über unsere Sinne als verbraucht wahrgenommen und ist tatsächlich energetisch unbrauchbar.

Der einzige Weg hinaus, der Weg in die Freiheit, die Befreiung von den Drogen, heißt eindeutig:

**Gib Drogen keine Chance.
Sorge für Deine
eigene Entgiftung.**

Nur so können Sie eine optimal koordinierte Leistung von Körper und Verstand erzielen.

Denn, den echten, dauerhaften "Kick" im Leben bieten niemals die verlogenen Drogen.

Das wahre Gefühl des Glücklichseins finden Menschen:

1) in individueller, kreativer Lebensgestaltung,

2) im gemeinschaftlichen, tätigen Miteinander und

3) im Erfolg beim Erreichen von Zielen.

Nur mit Zielen gestalten wir das Spiel des Lebens.

Unsere Ziele sollen sein:

Zufriedenheit, Wohlstand, Wohlbefinden und Harmonie.

Schlussbemerkung

Wichtiger Hinweis: Für all diejenigen, die meine Lektüre nicht als Hirngespinst abtun, sondern praktischen Nutzen daraus ziehen möchten.

Planet Erde ist ein ganz besonderer Ort. Hier ist der wichtigste Gefängnisplanet der galaktischen Konförderation.

Wir, die ausgewanderten Atalanter wurden, vor etwa 15.000 Jahren hiesiger Zeitrechnung, regelrecht in Grund und Boden gestampft. Atlantis, klein Atalant, ging unter, wurde in den Atlantik versenkt.

Seitdem wirken die Einrichtungen der außerirdischen Herrenrasse, der ebenfalls menschenähnlichen Kabarer, als Fangstationen für alle irdischen Seelenaspekte.

Wer auf diesem Planeten sowie im gesamten Sonnensystem seinen Körper verlässt, um zu sterben, ist in Gefahr. Irrlichter und Irrwesen und Irrklänge und … verführen dazu, dem System des Gefängnisses auf den Leim zu gehen.

Dennoch: Die Erde ist ebenso der besondere Hoffnungsplanet, für die Galaxis sowie für den gesamten Kosmos.

Unser aller Verpflichtung besteht darin, das Joch des Gefängnisses abzuschütteln.

Wir können hier nur solange an den Ort gefesselt bleiben, so lange wir selbst mit unserem Zustand als Menschwesen oder dergleichen übereinstimmen.

Sobald wir uns transformieren, zum Bewusstsein Geistiger Wesen, sind wir fähig, uns über das Gefängnissystem zu erheben, es letztlich auszuhebeln.

Wir sprengen selbst die Ketten unserer Gefangenschaft und helfen auch anderen, ihre Freiheit wieder zu erlangen.

Der erste Schritt ist das Erkennen sowie die Anerkennung unseres Zustandes.

Der zweite Schritt besteht darin, dem Zustand entrinnen zu wollen.

Mit dem dritten Schritt suchen wir nach entsprechenden Möglichkeiten.

Als vierten Schritt sortieren wir aus, was uns unserem Ziel näher bringen kann oder was erneut in die Irre leitet.

Im fünften Schritt lernen wir es, dem Fallensystem ein Schnippchen zu schlagen.

Beim sechsten Schritt informieren wir andere über dieses Wissen und Können.

Der siebte Schritt beinhaltet die Transformation zum Geistigen Wesen.

Der achte Schritt befähigt uns dazu, auch anderen Menschen die Transformation zu ermöglichen.

Über den neunten Schritt vervielfachen wir uns und tragen alle dazu bei, das System unwirksam zu machen.

Ab dem zehnten Schritt tragen wir unser aller Fähigkeiten über den Planeten hinaus in die Galaxis und den Kosmos.

Die Spiegelmeditation ist einer der wirkungsvollen Ansätze zur Verbesserung unserer Zustände als Menschwesen.

Das hohe Ziel Spiritueller Rückführungen geht darüber hinaus.
Es besteht tatsächlich darin, die Transformation zum Geistigen Sein, zu TAO, so schnell wie möglich voran zu bringen.

Zum Glück: Wir sind bei unserem Bestreben nicht ganz auf uns allein gestellt.

Wie einige von uns sicher schon feststellen durften, haben wir die Unterstützung aus dem Geistigen Universum.
Als TAO, ursprüngliche Geistige Wesen, die wir noch immer sind, genießen wir, über Zeit und Raum hinweg, den Kontakt sowohl zum Göttlichen TAO-Ursprung als auch zum geistigen Selbst. Andere würden dazu Über-Ich oder dergleichen sagen.

Außerdem umgibt uns eine ganze Heerschar von Engeln. Dies sind körperlose Wesenheiten, deren Aufgaben darin bestehen, uns zu unterstützen, im hiesigen Dasein ebenso, wie auf dem Weg in die Freiheit.

Engel sind sowohl freie Geistwesen aus den Anfängen der Erschaffung des Universum als auch nachfolgende Aspekte, die sich nicht notwendigerweise an Körpereinheiten gebunden haben.

Die Wirklichkeit unseres planetaren Daseins konnten schon etliche meiner Klienten im Laufe von Spirituellen Rückführungen erkennen.

Allerdings verbirgt sich die Wahrheit des Gefängnisplaneten hinter vielerlei, verschiedenen geistigen Masken.

Im Anschluss versuche ich darzulegen, wie sich das ausgeklügelte Fallensystem unserer irdischen Seelenaspekte bemächtigt.

Solltest Du also demnächst, irgendwann Deinen derzeitigen Körper verlassen:

Laß Dich nicht von himmlischen Sphärenklängen anziehen.

Misstraue erst einmal den Engelsgestalten, vergewissere Dich in aller Ruhe, dass sie Dir wirklich Gutes wollen.

Misstraue alten Meistern, vorgespiegelten Ahnen und dergleichen.

Gehe technischem Schnickschnack konsequent aus dem Weg.

Und, für uns Erdenbewohner ganz entscheidend:

Vermeide anziehendes Licht!

Nicht, dass Du nicht wert wärst dem Lichte nahe zu sein.
Nein, nur einfach: Das Licht, die Musik, prächtige Gestalten und das Thema Technik werden als Fallen missbraucht.
Dir, uns allen, soll der Geist verwirrt und die Erinnerung an frühere Leben erschwert oder unmöglich gemacht werden.
Mit dieser geistigen Verwirbelung werden wir dann wieder in ein neuerliches, körperliches Leben ausgesetzt.
Ruhe Dich also lieber auf irgendeiner Bergspitze, bei einem Baum, an einem See, an einer Quelle oder dergleichen aus.
Oder, wenn Du es gar nicht lassen kannst, schnappe Dir, ohne Umwege, ein frisches, noch ungeborenes Lebewesen (muss kein Mensch sein) und: Starte neu durch!

Wenn Du es möglich machen kannst, so suche Dir selbst die Umgebung Deiner Wiedergeburt aus.

Werde Dir erst einmal nur klar darüber: Hab' Geduld, überstürze nichts. Eile mit Weile.
Du verfügst über alle Zeit dieses Kosmos, sobald Du Deinen Körper erst einmal abgelegt hast.

TAO das Göttliche und wir, TAO das Geistige, sind eins.

Jeder von uns TAO-Wesen lebt sein Dasein, nur ein einziges Dasein seit unglaublich langer Zeit, lediglich in wechselnden Körpern.

Der Sinn dieses ewigen Daseins besteht einfach darin, das "Große Spiel" zu spielen.

Durch die Zeiten haben wir selbst uns auf das "Rad des Lebens" geflochten.

Seitdem erleben wir in jedem Abschnitt von: Geburt, Leben, Sterben und Tod, genau den Sinn, den wir diesem Teilbereich des Lebens bewusst oder nicht bewusst geben.

Als TAO-Seele, die wir sind (nicht haben), sollten wir bestrebt sein, uns gegenseitig zu helfen.

Denn nur im Miteinander erlangen wir die Meisterschaft im "Großen Spiel".

TAO, der Göttliche Ursprung, erwartet uns !!!

Über den Autor:

Günter Karl Skwara, *19.07.1952

Während seiner vielfältigen beruflichen Tätigkeiten erlangte er Einblicke hinter die Kulissen von Betriebs- und Volkswirtschaft.
Ihm offenbarten sich zudem die sozialen Zusammenhänge, mit all ihren Ungerechtigkeiten und Abgründen.

Bei seinem Aufenthalt in Frankreich (1991 bis 1992) eignete er sich verschiedenes Wissen und Fähigkeiten an. Diese konnte er dann auch in Deutschland nutzen. Er wurde Heiler von Morhange genannt und anerkannt als "Meister des Wandels" (master of change).

Seine Absicht besteht seitdem darin, Menschen aus dramatisch verfestigten Problemstellungen heraus zu helfen (physischer, psychischer sowie sozialer Art).

Als guter Zuhörer entlastet er, mittels Spiritueller Rückführungen, die schwierigen Situationen seiner Rat- und Hilfesuchenden. Mit leichter Hand führt er sie zu eigenständig gefundenen Lösungswegen.

Er ist Begleiter auf dem Pfad zu Wohlbefinden, Zufriedenheit und Glücklichsein.

Günter Skwara

Ganzheitlicher Seelsorger

Spiritueller Rückführer

Persönlicher Begleiter, auf dem Weg zu effektiver, mentaler Kommunikation

> Spirituelle Rückführung
> Finden von Ursachen, Aufarbeiten und Bereinigen alter Ereignisse, Rehabilitation und Mobilisierung von Kreativität, (Los)Lösen belastender karmischer Verstrickungen.

> Mentale Kommunikation
> Die Magie effektiver, mentaler Kommunikation ist der Königsweg, zur Lösung aller menschlicher Probleme.

> Ganzheitlicher Energiefeldausgleich
> Aus dem Gleichgewicht geratene Lebensenergie wird wieder stabilisiert und harmonisiert > für mehr Ausgeglichenheit, Stabilität und Balance im Dasein.

Kontakt:
rueckfuehrer@googlemail.com

www.rueckfuehrer.de
www.studio-chi.de

Meine persönlichen Notizen:

Meine persönlichen Notizen: